Die besten Kochrezepte aus Omas Zeiten

compact via

compact via ist ein Imprint der Compact Verlag GmbH

Redaktion: Lea Hoy
Titelabbildungen: StockFood (auch hinten), mauritius images (Oma)
Umschlaggestaltung: X-Design, München
Layout unter Verwendung grafischer Elemente von
IMSI USA, Novato, CA

ISBN 978-3-8174-8419-5
2011 2012 2013 2014 2015 10 9 8 7 6 5 4 3 2 1

Besuchen Sie uns im Internet: www.compact-via.de

Inhalt

Vorwort

Klangvolle Namen wie der Rheingauer Braten, aber auch schmackhafte, deftige Klassiker wie das Berliner Gänseklein fallen einem ein, wenn man an Großmutters Kochkünste denkt. Die Bandbreite der Küche war zu jener Zeit viel größer, als man sich heute vorstellen kann. Damals war der Unterschied zwischen dem Werktag und dem Sonn- und Feiertag noch viel größer. Aber schmecken musste es immer! Und das, obwohl oftmals aus dem gerade Vorhandenen etwas Schmackhaftes gezaubert werden musste.
Bei der Zusammenstellung des Buches wurde großer Wert darauf gelegt, dass die Gerichte ihren zeittypischen Charakter behalten und trotzdem heute problemlos zuzubereiten sind. Unübliche Mengenangaben wurden „übersetzt“ und die bessere Ausstattung der modernen Küche berücksichtigt.
Frische Ware und viel Zeit für das Küchenhandwerk zu haben, sind zwei wichtige „Zutaten“ aus Omas Küche. Das Wichtigste aber ist eine gute, fundierte Rezeptsammlung. Dieses Buch bietet einen umfassenden Überblick, denn es sind nicht nur alle heute üblichen, sondern auch die für die vergangene Zeit typischen Themen enthalten. So wurden in diese liebevolle Sammlung auch „Einmachen“, „Resteverwertung“ oder „selbst angesetzte Liköre“ aufgenommen. Viel Freude beim Wiederentdecken des vollen, intensiven Geschmacks aus Omas Küche und manches nostalgisches Menü warten auf Sie: Guten Appetit!

Maße & Gewichte

1 Esslöffel entspricht:

Butter	15 g	Speisestärke	10 g
Kaffee (gemahlen)	5 g	Salz	9 g
Kakaopulver	5 g	Schmalz	17 g
Mehl	10 g	Zucker	15 g

1 Teelöffel entspricht:

Kaffee (gemahlen)	2 g	Salz	3 g
Kakaopulver	2 g	Speisestärke	4 g
Mehl	4 g	Zucker	6 g

Abkürzungen

Bd.	= Bund	cl	= Zentiliter
EL	= Esslöffel	g	= Gramm
kg	= Kilogramm	gestr.	= gestrichen
ml	= Milliliter	l	= Liter
TL	= Teelöffel	Msp.	= Messerspitze

Alle Rezepte sind für 4 Personen berechnet. Wo Ausnahmen gemacht wurden, ist dies am Rezept vermerkt.
Alle Garzeiten sind Mittelwerte.

Suppen und Eintöpfe

Altbayerische Suppe

ZUTATEN

60 g Erbsen, 1 kleine Knolle Sellerie, 2 Petersilienwurzeln, 20 g Butter, 100 ml Weißwein, 60 g Gerste, 60 g Reis, 1 ½ l Brühe, Salz, Pfeffer, 2 Bratwürste oder 100 g gekochter, gewürfelter Schinken, Butter zum Braten

ZUBEREITUNG

Erbsen über Nacht in kaltem Wasser einweichen und am darauffolgenden Tag das Einweichwasser abschütten. Sellerie und Petersilienwurzeln waschen, schälen und in kleine Würfel schneiden. Butter in einem größeren Topf zergehen lassen und das Gemüse hineingeben. Nach kurzer Dünstzeit mit Weißwein ablöschen und Erbsen, Gerste und Reis zugeben. Mit Brühe auffüllen, aufkochen und in knapp 1 Stunde zugedeckt bei mittlerer Hitze weich kochen. Mit Salz und Pfeffer nach Belieben abschmecken. Bratwürste (oder Schinken) in Scheiben schneiden und in etwas Butter anbraten. Suppe mit Bratwurstscheiben oder Schinkenwürfeln als Einlage noch gut warm servieren.

Altdeutscher Rindertopf

ZUTATEN

1 kg Rinderbrust mit 2 Markknochen, 2 Knoblauchzehen, Salz, 2 Zwiebeln, 2 Lorbeerblätter, 1 Prise gerebelter Thymian, Pfefferkörner, 2 Stangen Lauch, ½ Sellerie, 300 g Weißkraut, 250 g Möhren, 2 Petersilienwurzeln, 1 EL gehackte Petersilie

ZUBEREITUNG

Gewaschene Markknochen mit 2 l kaltem Wasser aufsetzen; Fleisch mit Knoblauch einreiben, salzen und in die kochende Brühe legen. Geviertelte Zwiebeln, Lorbeerblätter, Thymian und Pfefferkörner zugeben. Gut 1 Stunde köcheln. In der Zwischenzeit das Gemüse vorbereiten: Gut waschen und putzen. Lauch und Sellerie in 2 cm lange Stücke und Weißkraut in bandnudelartige Streifen schneiden. Möhren und Petersilienwurzeln schälen, der Länge nach vierteln und auch in 2 cm lange Stücke schneiden. Bis alles Gemüse vorbereitet ist, ist wahrscheinlich auch die erste Kochzeit vom Fleisch fast vorbei. Gemüse zum Fleisch geben und weitere 30–40 Minuten köcheln lassen. Das Gemüse soll am Schluss nicht matschig sein, sondern noch Biss haben (al dente). Nach Beendigung der Kochzeit Markknochen entfernen, den Eintopf bei Bedarf noch abschmecken, das fertige Fleisch in Scheiben schneiden und zurück in den Topf geben. Mit Petersilie bestreut servieren.

OMAS RAT

Will man ein besonders gutes Suppenfleisch, legt man es in kochendes Wasser.
Legt man mehr Wert auf eine gute Brühe, setzt man das Fleisch mit kaltem Wasser auf.

Borschtsch – einfache Rote-Bete-Suppe

ZUTATEN

400 g Schweinefleisch (ohne Knochen), 1 Zwiebel, 2 Rote Bete, 50 g Fett, 1½ l Brühe, 2 Lorbeerblätter, Kümmel, frisch gestoßener Pfeffer, Salz, 200 g saure Sahne

ZUBEREITUNG

Fleisch würfeln, Zwiebel schälen und fein schneiden. Rote Bete gründlich waschen und dabei nicht verletzen, um ein Ausbluten zu verhindern. In 50 Minuten bei mittlerer Hitze mit Wasser bedeckt weich dämpfen, abgießen und rasch kalt überbrausen. Anschließend schälen, reiben und im Saft stehen lassen. Nach diesen Vorbereitungsarbeiten kann die eigentliche „Kocherei" nun losgehen. Fleischwürfel in heißem Fett gut andünsten und Zwiebeln zugeben, mitdünsten, bis sie glasig sind. Mit Fleischbrühe auffüllen, Lorbeerblätter und Kümmel zugeben und in knapp 1 ½ Stunden gar kochen. Kurz vor Ende der Garzeit geriebene Rote Bete mit etwas Saft zugeben, nochmals aufkochen lassen und mit den Gewürzen abschmecken. Zum Schluss mit saurer Sahne verfeinern und auf 4 Tellern servieren.

OMAS RAT

Zu Omas Zeiten wurden bei dieser Suppe auch Fleischreste anstatt frischem Fleisch verwendet.
Lorbeerblätter lassen sich einfach aus dem Essen entfernen, wenn man sie in einem Tee-Ei mitgart. So erspart man sich das lästige „Fischen" in heißen Gerichten.
Rote Bete „bluten nicht aus", wenn man sie einzeln in Alufolie gewickelt gart. Sind Rote Bete schon älter, 1 Prise Zucker, 1 Prise Salz und 1 Schuss Essig ins Kochwasser geben.

Berliner Gänseklein

ZUTATEN

2 Gänseklein, 1 Bd. Suppengrün feingehackt, 100 g Gänseschmalz, 80 g Mehl, 200 ml Weißwein, 2 Nelken, 4 Pimentkörner, 4 Pfefferkörner, 2 Lorbeerblätter, 200 ml Sahne, 1 EL Kapern, etwas Zitronensaft

ZUBEREITUNG

Gänseklein putzen, gut waschen. Zusammen mit fein geschnittenem Suppengrün in der Hälfte des Gänseschmalzes andünsten, dabei aber keine Farbe annehmen lassen. In einem anderen Topf aus restlichem Gänseschmalz und dem Mehl eine helle Einbrenne bereiten. Mit 1 l Wasser und Weißwein aufgießen und dabei die Gewürze zugeben. Nach kurzem Durchkochen das Gänseklein in die helle Suppe geben. Anschließend Gänsetopf nun 1 ½ Stunden leise köcheln lassen. Am Ende der Garzeit mit Sahne verrühren und mit Kapern und Zitronensaft abschmecken. Auf 4 Tellern verteilen und noch heiß servieren.

OMAS RAT

Dazu schmecken Kartoffelknödel oder Salzkartoffeln vorzüglich.

Unter einem Gänsejung oder Gänseklein versteht man die Innereien, Herz, Magen sowie Kopf, Hals, Flügel und die abgezogenen Gänsefüße.

Brennsuppe

ZUTATEN

60 g Mehl, 80 g Butter, 200 ml Rotwein, 1 ¼ l Fleischbrühe, 1 EL Essig, Salz, Pfeffer

ZUBEREITUNG

Das Mehl in zerlaufener Butter langsam rösten, d. h. eine dunkle Mehlschwitze herstellen. Mit Rotwein ablöschen, gut durchrühren und dann mit Brühe auffüllen. Mit Essig, Salz und Pfeffer gut abschmecken.

OMAS RAT

Nach Belieben mit einem Ei oder Sahne binden.

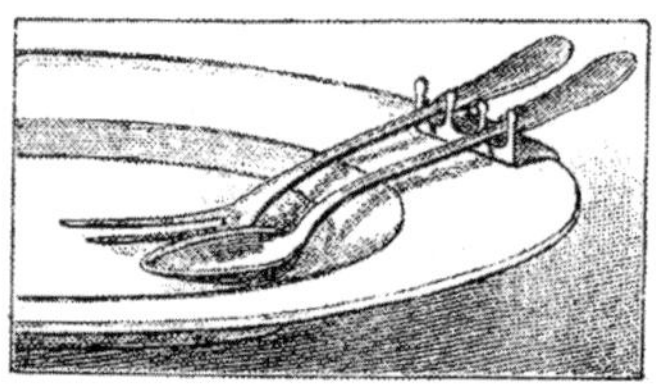

Graupensuppe

ZUTATEN

50 g Butter, 100 g Graupen, ¼ l Milch, 1 ½ l Fleischbrühe, 1 Eigelb, Salz, Pfeffer, 1 EL gehackte Petersilie

ZUBEREITUNG

Butter in einem größeren Topf zergehen lassen und gewaschene Graupen darin rösten. Mit Milch ablöschen und weich kochen. Fleischbrühe hinzufügen und mit den Graupen verkochen (Kochzeit ca. 1 Stunde). Zum Schluss mit Eigelb binden (nicht mehr kochen) und beliebig mit Salz, Pfeffer und Petersilie abschmecken.

OMAS RAT

Dieses Rezept ist heute durch die „Biokost“ wieder enorm in Mode gekommen.

Grünkohlsuppe

ZUTATEN

800 g Grünkohl, 100 g Lauch (Porree), 1 ½ l Brühe, 80 g Hafergrütze, Salz, etwas Pfeffer, geriebene Muskatnuss, 1 Msp. gestoßene Nelken, 1 Prise Zucker

ZUBEREITUNG

Grünkohl und Lauch putzen, waschen und fein schneiden. Brühe zum Kochen bringen und Gemüse hineingeben. Hafergrütze einstreuen, mit den Gewürzen gut abschmecken und die Suppe servieren, wenn das Gemüse schön weich ist.

OMAS RAT

Als Einlage passt gut gewürfeltes Rauchfleisch oder fein gewürfelter gekochter oder roher Schinken.

Gurkensuppe

Zutaten

2 Gurken (Gemüsegurken), 100 g Butter, 50 g Mehl, 1 ½ l Fleischbrühe oder Gemüsebrühe, 2 Scheiben altbackenes Weißbrot, Salz, 1 Msp. geriebene Muskatnuss, 1 EL gehackter frischer Dill

Zubereitung

Gurken waschen, schälen, längs halbieren und das Innere entfernen (am besten die Kerne mit einem Löffel auskratzen). Ausgehöhlte Gurkenhälften in kleine Stücke schneiden. Die Hälfte der Butter in einem Topf zerlassen und die Gurkenstücke darin glasig dünsten. Die Gurkenstücke mit Mehl bestäuben und mit Fleischbrühe oder Gemüsebrühe auffüllen. Alles zum Kochen bringen und die Gurken bei mittlerer Hitze langsam weiterkochen lassen. Weißbrotscheiben in kleine Würfel schneiden und in restlicher Butter goldbraun rösten. Anschließend Brotwürfel gleichmäßig auf 4 Teller verteilen und mit der mit Salz, Muskatnuss und Dill fertig abgeschmeckten Suppe anrichten.

Kalbskopfsuppe

ZUTATEN

½ Kalbskopf, Salz, 1 Bd. Suppengrün, 1 Zwiebel, 4 Pfefferkörner, 1 fein gehackte Schalotte, 80 g Butter, 60 g Mehl

ZUBEREITUNG

Kalbskopf gut putzen und mehrere Stunden wässern. Dann in 3 l Wasser (der Kopf soll gut bedeckt sein) mit Salz, fein geschnittenem Suppengrün, halbierter Zwiebel und Pfefferkörnern aufsetzen. Die Garzeit beträgt knapp 1 ½ Stunden, das Fleisch sollte sich leicht vom Knochen lösen. Schalotte in Butter glasig dünsten und mit Mehl eine helle Einbrenne herstellen. Mit der fertig gekochten und passierten Kalbskopfbrühe auffüllen und 20 Minuten durchkochen lassen. Fleisch vom Kalbskopf in kleine Würfel schneiden und als Einlage verwenden.

OMAS RAT

Die Suppe kann beliebig mit gerösteten Brotwürfeln (Croutons) erweitert werden. Zu dieser Suppe passt Schüttelbrot auch sehr gut.

Kürbissuppe

ZUTATEN

50 g Butter, 30 g Mehl, ½ Bd. Suppengemüse, 2–3 Petersilienstiele, 1 ½ l Fleischbrühe, 500 g grob gewürfelte Kürbisstücke, 1 EL Kümmel, Salz, Pfeffer, geröstete Weißbrotwürfel zum Bestreuen

ZUBEREITUNG

Eine helle Einbrenne aus Butter und Mehl herstellen und darin das klein geschnittene Gemüse gut rösten. Mit Fleischbrühe auffüllen und sogleich Kürbisstücke und Kümmel zugeben. Die Suppe knapp 30 Minuten kochen lassen. Vor dem Servieren die Suppe passieren, abschmecken und mit gerösteten Brotwürfeln reichen.

OMAS RAT

Die Kürbissuppe lässt sich mit gewürfelten Äpfeln, Birnen und Orangen strecken. Diese in der hellen Einbrenne wie das Gemüse rösten.

Kuttelflecksuppe

ZUTATEN

300 g Kuttelflecke (Kaldaunen/Kuhmagen), Salz, 80 g Mehl, 60 g Butter, 1 ½ l Fleischbrühe, Pfeffer

Zubereitung

Kuttelflecke einen halben Tag mit öfter wechselndem Wasser wässern. Anschließend herausnehmen und in Salzwasser weich kochen. Gekochte Kutteln in feine Streifen schneiden. Aus Mehl und Butter eine helle Einbrenne herstellen und mit Brühe aufgießen. Kutteln zugeben und mit Salz und Pfeffer abschmecken.

Omas Rat

Eine Suppe für besondere Gelegenheiten. Passt gut für ein bayerisches Menü.

Lebersuppe

Zutaten

200 g Geflügel- oder Rinderleber, 50 g fetter Speck, 30 g Fett, 2 Schalotten, 40 g Mehl, 1 Schuss Rotwein, 1 ¼ l Fleischbrühe, 100 ml Sahne, Salz, Pfeffer, Majoran, 1 EL gehackte Petersilie zum Bestreuen

Zubereitung

Gewaschene Leber schaben, wiegen oder mixen und fetten Speck kleinwürfelig schneiden. Im Fett fein gehackte Schalotten und Speck glasig dünsten und mit Mehl bestäuben. Die Einbrenne darf eine mittlere Farbe haben; mit Rotwein ablöschen, nochmals kurz durchrösten und mit Brühe aufgießen. Vorbereitete Leber mit einem Schneebesen gut unterschlagen, aufkochen lassen und nach Belieben durch ein Sieb streichen. Die Suppe mit Sahne verfeinern, abschmecken und mit Petersilie bestreut servieren.

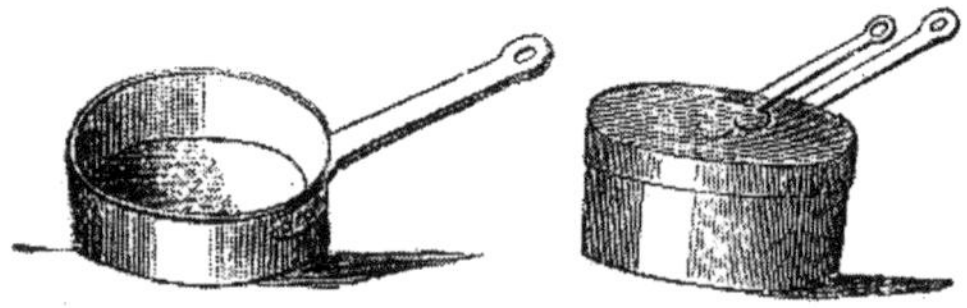

Nockenwassersuppe oder Kloßwassersuppe

Diese Suppe ist wahrlich aus Omas Kochkiste – hergestellt aus Knödelwasser.

ZUTATEN

1 ½ l Knödelwasser, 1 Ei, 40 g Mehl, 1 EL gehackte Petersilie, 30 g Butter, 1 Prise geriebene Muskatnuss, Salz

ZUBEREITUNG

Knödelwasser zum Kochen bringen, Ei mit Mehl in etwas kaltem Wasser verquirlen. In die kochende Brühe einrühren und aufkochen. Petersilie und Butter zugeben und mit einer Prise Muskat und evtl. Salz abschmecken.

OMAS RAT

Falls Sie einen Braten mit Klößen kochen, können Sie diese Suppe als Vorspeise servieren. Mit gerösteten Brotwürfeln bestreuen.

Pichelsteiner Eintopf

ZUTATEN

600 g mageres Rindfleisch, 300 g gemischtes Gemüse, bestehend aus Lauch, Möhren, Sellerie, 3 Petersilienwurzeln, 400 g Kartoffeln, 30 g Butter oder Öl, 2 große Zwiebeln, 50 g Rindermark, Salz, Pfeffer, Majoran, ½ l Brühe, 2 EL gehackte Petersilie

ZUBEREITUNG

Fleisch in gleichmäßige Würfel von etwa 2 cm schneiden. Gemüse und Kartoffeln waschen. Lauch putzen und in dünne Ringe schneiden. Möhren schälen und in Scheiben schneiden. Sellerie und Petersilienwurzeln schälen und in kleine Würfel schneiden. Kartoffeln schälen und in mittelgroße Würfel schneiden. Gemüse in einem gut schließenden Topf in Butter oder Öl erhitzen. Zwiebeln schälen und in dünne Ringe schneiden. Fleisch, fein geschnittene Zwiebeln und Rindermark leicht rösten. Die Hälfte des Fleisches herausnehmen, Gemüse, Kartoffeln und angeschmortes Fleisch lagenweise einschichten, dabei schichtweise mit Salz, Pfeffer und Majoran würzen und als oberste Lage mit Kartoffeln abschließen. Mit heißer Brühe seitlich aufgießen und bei mäßiger Hitze im geschlossenen Topf 1 Stunde kochen lassen. Mit Petersilie bestreut servieren.

OMAS RAT

Ist Eintopf angebrannt, den unverbrannten Anteil sofort umfüllen. Falls nötig, etwas Wasser hinzufügen. Etwas gehackte Zwiebel dazugeben, das verringert den angebrannten Geschmack. Ist er versalzen, etwas süße Sahne zur Neutralisierung untermengen.

Pommersche Bohnensuppe

ZUTATEN

400 g weiße Bohnen, 1 Bd. Suppengrün, 50 g Fett, 400 g Hammelfleisch ohne Knochen, 1 EL gehackte Petersilie, 1 EL Kerbel, 1 Prise Majoran, Salz, Pfeffer

ZUBEREITUNG

Bohnen waschen und über Nacht in reichlich kaltem Wasser einweichen. Am nächsten Tag mit Suppengrün weich kochen und die Hälfte davon durch ein Sieb streichen – beiseitestellen. Fett in einem Topf erhitzen und gewürfeltes Hammelfleisch gut anbraten, mit Einweichwasser der Bohnen auffüllen und gar kochen (Garzeit 1 ½ Stunden). Dabei die Gewürze wie Petersilie, Kerbel, Majoran, Salz und Pfeffer beigeben. Zum Schluss den „Bohnenbrei" und die ganzen Bohnen unterrühren, nochmals gut aufkochen und servieren.

Rotweinsuppe

ZUTATEN
1 Stange Zimt, unbehandelte Schale von ½ Zitrone, 5 Nelken, 140 g Zucker, 50 g Kartoffelmehl, 1 ½ l Rotwein

ZUBEREITUNG
Gewürze und Zucker mit ½ l Wasser aufkochen. Kartoffelmehl mit etwas Wasser anrühren und in das kochende Zuckerwasser einrühren, klar kochen. Rotwein zuschütten und nicht mehr kochen, nur erhitzen.

OMAS RAT
Als Beilage schmecken Zwieback oder Suppenmakronen.

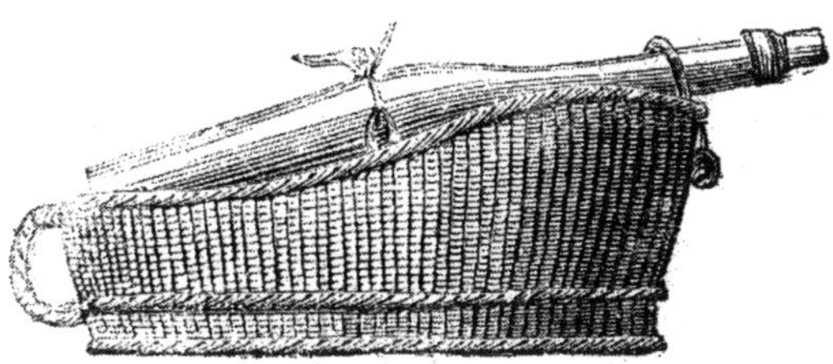

Süße Buttermilchsuppe

ZUTATEN
400 g Schwarzbrot, 30 g Butter, 1 Prise Zimt, 5 g Anis, 1 ½ l Buttermilch, 30 g Mehl, 80 g Zucker, 40 g Korinthen, 2 Eigelb

ZUBEREITUNG

Brot in kleine Würfel schneiden und mit etwas Wasser, Butter, Zimt und Anis unter mehrmaligem Umrühren zu einem Brei verkochen. Anschließend durch ein Sieb streichen. In kalte Buttermilch Mehl einrühren, verquirlen und aufkochen lassen. Den Brei zugeben und mit Zucker und Korinthen abschmecken. Mit Eigelb legieren und noch heiß auf den Tisch geben.

Gemüse, Beilagen und Soßen

Béarnaisesoße

ZUTATEN

100 ml Weißwein, 2 TL Estragonessig, 2 Schalotten, 5 Pfefferkörner, 1 Lorbeerblatt, 50 g gehackter Kerbel, 50 g gehackter Estragon, 3 Eigelb, 100 g Butter, Salz, Saft von ½ Zitrone

ZUBEREITUNG

Wein, Essig, klein geschnittene, geschälte Schalotten, zerdrückte Pfefferkörner, Lorbeerblatt und fein gehackte Kräuter zum Kochen bringen. Die Mischung bei mittlerer Hitze bei offenem Deckel einkochen lassen. Nach guten 10 Minuten die Reduktion abseihen und erkalten lassen. Eigelb mit Sud verrühren und im Wasserbad mit einem Schneebesen schaumig schlagen. Dabei die Masse gut von allen Seiten abschlagen, da sonst Rühreier entstehen könnten. Wenn die Soße eine dickliche Beschaffenheit hat, aus dem Wasserbad nehmen, löffelweise geklärte Butter unterrühren und mit Salz und Zitronensaft abschmecken. Die Soße soll luftig leicht sein und muss sofort serviert werden.

OMAS RAT

Passt seit jeher sehr gut zu gegrilltem Fleisch oder Fisch.

Béchamelsoße

ZUTATEN

100 g roher magerer Schinken, 60 g Butter, 50 g Mehl, ¼ l Bouillon, ½ l Milch, Salz, Pfeffer, geriebene Muskatnuss, geriebener Käse nach Belieben

ZUBEREITUNG

Klein geschnittene Schinkenwürfel in der zerlassener Butter andünsten, mit Mehl stäuben und hellgelb rösten. Mit Brühe ablöschen und mit Milch aufgießen. Bei schwacher Hitze gute 10 Minuten köcheln lassen. Öfter umrühren, da die Soße leicht ansetzt. Gut abschmecken und nach Belieben geriebenen Käse zugeben. Eignet sich zum Überbacken von Gemüsen, Fisch- und Fleischgerichten, wird aber auch für Kartoffelgerichte (Béchamelkartoffeln) verwendet.

Braune Austernsoße

ZUTATEN

20 Austern, ¼ l Weißwein, 1 gehackte Schalotte, 125 g Butter, 60 g Mehl, 1 EL Rotwein, ⅛ l Brühe, Salz und Cayennepfeffer, Saft von 1 Zitrone, ⅛ l Sahne

ZUBEREITUNG

Austern öffnen, die Bärte abschneiden und diese mit dem enthaltenen Austernwasser einige Minuten im Weißwein kochen. Schalotte in Butter glasig dünsten, mit Mehl bestäuben und braun schwitzen lassen. Mit Rotwein ablöschen und mit Brühe und Weißwein (Austernwasser) auffüllen. Alles gut verkochen lassen und während dieses Vorgangs würzen. Am Ende der Garzeit die Soße passieren und dann mit Zitrone und Sahne verfeinern. Mit den 20 Stück Austern noch kurz erhitzen und servieren.

Champignonbutter

ZUTATEN

1 Schalotte, 250 g frische Butter, 150 g weiße Champignons, etwas Zitronensaft, Salz

ZUBEREITUNG

Gehackte Schalotte in etwas Butter mit gewaschenen, ganzen Champignons andünsten und mit Zitronensaft beträufeln. Erst vom Ofen nehmen, wenn die Pilze in ihrem Saft geschmort haben. Dann klein hacken, mit der übrigen Butter mischen, abschmecken und geschmeidig rühren. Gut 1 Stunde kalt stellen.

OMAS RAT

Mit frischem Weißbrot reichen. Champignons mit Mehl bestäuben und mit etwas Wasser gegeneinanderreiben, danach abbrausen. So bekommen Sie gut gewaschene, weiße Pilze.

Cumberlandsoße

ZUTATEN

1 unbehandelte Zitrone, 1 unbehandelte Orange, ⅛ l Rotwein, 2 EL englischer Senf, 1 Prise Cayennepfeffer, 100 g Johannisbeergelee

ZUBEREITUNG

Zitrone und Orange waschen, schälen und die Schale in feinste Streifen schneiden. Saft auspressen. Rotwein mit Zitrusstreifen aufkochen lassen und abkühlen. Orangen- und Zitronensaft mit Senf und Gewürzen vermischen. Johannisbeergelee und Rotwein zugeben und darauf achten, dass die Soße dickflüssig oder sämig wird, dann kalt stellen.

OMAS RAT

Passt vorzüglich zu Wild, Roastbeef oder Schinken.

Erbsenpudding

ZUTATEN

1 kg geschälte gelbe Erbsen, 4 Eier, 100 ml Sahne, Pfeffer, Salz, 60 g Butter

ZUBEREITUNG

Erbsen gut weich kochen (1 ½ Stunden) und anschließend durchpassieren. Die Masse fein rühren, bis sie erkaltet ist. Eier verquirlen und mit Sahne und Gewürzen untermischen. Dann in eine mit Butter ausgestrichene feuerfeste Form geben (mit Deckel) und im Wasserbad bei mittlerer Hitze kochen. Den fertigen Pudding stürzen und mit zerlassener Butter sofort servieren.

OMAS RAT

Sie können den Pudding auch mit etwas fein gehacktem frischen Basilikum, Salbei oder Majoran würzen. Oder mit goldbraun gebratenen Zwiebelringen servieren. Erbsen vor dem Kochen einweichen. Je länger die Einweichzeit, desto kürzer die Garzeit. Auch salzloses Kochen verkürzt die Garzeit.

Essigkrensoße

ZUTATEN

5 EL frisch geriebener Meerrettich (Kren), 1 Tasse heiße Bouillon, 2 EL Essig, Salz

ZUBEREITUNG

Ganz frisch geriebenen Kren mit heißer Bouillon überbrühen und einige Zeit ziehen lassen. Erst wenn die Brühe vollständig abgekühlt ist, mit Essig und Salz abschmecken.

OMAS RAT

Nach Belieben können Sie diese leckere Suppe mit Öl, Paprika und Schnittlauch würzen.

Fenchelsoße

ZUTATEN

125 g Butter, 50 g Mehl, 1 EL gehackte Fenchelblätter, Salz, Pfeffer nach Geschmack

ZUBEREITUNG

Aus Butter und Mehl eine helle Mehlschwitze herstellen und diese mit so viel Wasser aufgießen, dass eine dünne Suppe entsteht. Fenchelblätter hinzufügen und knapp 30 Minuten kochen lassen. Mit den Gewürzen abschmecken.

OMAS RAT

Fenchelsud kann man als Grundlage für Gemüsesuppen und Soßen verwenden.

Gedünstetes Zwiebelgemüse

ZUTATEN

800 g Zwiebeln, 2 EL Öl, 100 g durchwachsener Speck, ⅛ l Brühe, Paprika, Salz, etwas Kümmel, 100 ml saure Sahne

ZUBEREITUNG

Zwiebeln schälen, in feine Scheiben schneiden. In einen größeren Topf Öl und gewürfelten Speck geben, kurz rösten. Zwiebeln beifügen, durchdünsten und mit Brühe auffüllen. Bei mäßiger Hitze zugedeckt weich dünsten. Die Garzeit beträgt 30 Minuten. Zum Schluss abschmecken, mit saurer Sahne verfeinern.

OMAS RAT

Passt gut zu Hammelgerichten oder kurz gebratenem Fleisch. Will man bereits geschälte Zwiebelhälften aufbewahren, bestreicht man die Schnittflächen dünn mit Butter. So verhindert man ein Austrocknen und Braunwerden der Schnittstelle. Zwiebeln sollte man zusammen mit einem Stück trockenem Brot aufbewahren, damit sie nicht gleich zu treiben beginnen. Oder jede Zwiebel in Alufolie wickeln.

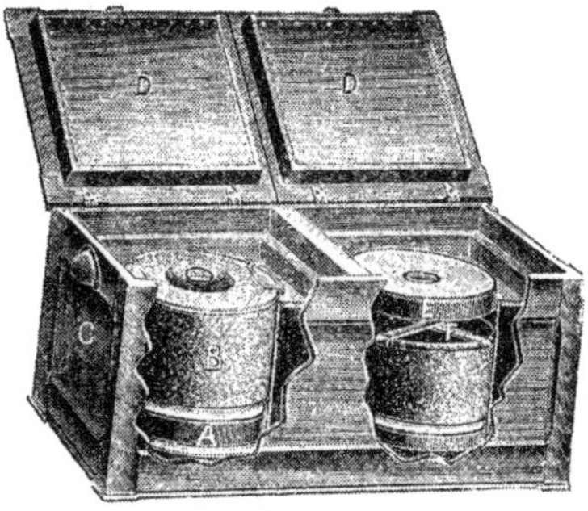

Gefüllte Möhren

ZUTATEN

1 kg Möhren, Salz, 50 g Butter, 250 g Hackfleisch vom Kalb, 2 Eier, 1 eingeweichtes altbackenes Brötchen, 1 TL gehackte Petersilie, Pfeffer, geriebene Muskatnuss, Majoran, Thymian, ¼ l Brühe, ⅛ l Sahne

ZUBEREITUNG

Möhren waschen und schälen (große verwenden), in Salzwasser fast weich kochen und abtropfen lassen. Mit einem spitzen Messer eine Seite der Möhren aushöhlen und diese Möhrenschnipsel bei Bedarf noch etwas feiner hacken. Einen Teil der Butter zerlassen, mit Hackfleisch, Eiern, fein gehackten Möhren, eingeweichtem Brötchen, Salz und den anderen Gewürzen mischen. Nun diese gut abgeschmeckte Farce in die ausgehöhlten Karotten füllen. Das Gemüse in eine ausgebutterte Form setzen und bei Mittelhitze in den Ofen schieben. Mit Brühe und einem Teil der Sahne auffüllen und knappe 30 Minuten dünsten. Möhren auf Tellern anrichten, Soße mit Sahne verfeinern, abschmecken und um das Gemüse träufeln. Mit Butterreis und gehackter Petersilie als Garnitur zum Hauptgericht servieren.

Grüne kalte Buttersoße

ZUTATEN

4 Schalotten, 1 TL Kapern, 3 entgrätete Sardellen, 2 hart gekochte Eigelb, 1 EL gehackte Petersilie, 1 EL gehackter Estragon, 100 g Butter, 2 EL Öl, 1 EL Essig

ZUBEREITUNG

Schalotten, Kapern, Sardellen, Eigelb und Kräuter fein hacken oder wiegen. Warme Butter mit Öl und Essig geschmeidig rühren und mit den anderen Zutaten vermengen. Anschließend die Butter kalt stellen.

OMAS RAT

Diese „Soße" passt gut zu kaltem Fisch oder Fleisch.

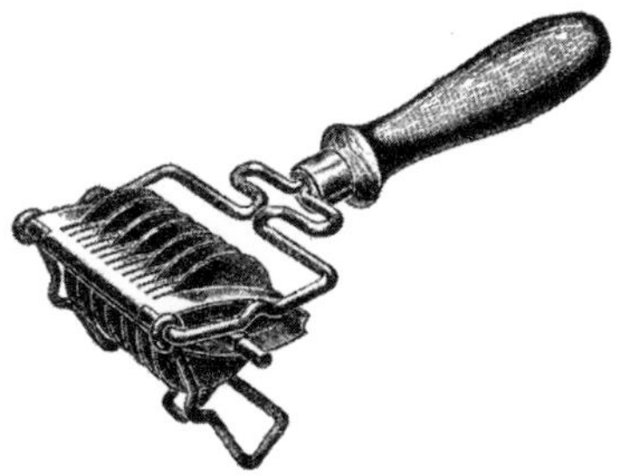

Kartoffelhäubchen

ZUTATEN

800 g mehlig kochende Kartoffeln, Salz, 75 g Butter, 3–4 Eigelb, weißer Pfeffer, geriebene Muskatnuss, Butter zum Einfetten, 1 Eigelb

ZUBEREITUNG

Kartoffeln schälen und in Salzwasser 25–30 Minuten kochen; abgießen, trocken dämpfen und durch die Presse drücken. Butter in Flöckchen unterrühren. Nach und nach den größten Teil des verquirlten Eigelbs zufügen. Salzen, pfeffern, mit Muskat abschmecken und in einen Spritzbeutel mit großer Sterntülle füllen. Ein Blech einfetten und etwa 4 cm große runde Tupfer daraufspritzen. Mit dem restlichen verquirlten Eigelb bestreichen und im auf 200 Grad vorgeheizten Ofen in etwa 15 Minuten goldgelb überbacken. Neben das Hauptgericht drapieren und noch warm servieren.

Kartoffelsalat mit Wildkräutern

ZUTATEN

750 g gekochte festkochende Kartoffeln, 2 hart gekochte Eier, 2 Zwiebeln, 1 Bd. gemischte Kräuter, 125 g Mayonnaise, ½ TL Senf, ½ TL Meerrettich, 2 EL Sahne, 4 EL Essig, Salz, Pfeffer, Zucker, 50 g Löwenzahnblätter, 100 g Speck, 2 EL Öl, 150 ml Bratenfond

ZUBEREITUNG

Kartoffeln, Eier und Zwiebeln schälen. Kartoffeln und Eier abkühlen lassen und grob würfeln, Zwiebeln fein würfeln. Kräuter hacken. Mayonnaise mit Senf, Meerrettich, Sahne und 2 EL Essig verrühren, mit Salz, Pfeffer und Zucker pikant abschmecken. Salat mischen und etwa 2 Stunden ziehen lassen. Löwenzahn waschen, trocknen und auf dem Rand einer Platte verteilen. Salat in die Mitte füllen. Speck fein würfeln, in Öl knusprig braten, mit Essig mischen und pfeffern. Ein paar Speckwürfel über den Salat streuen, Rest mit dem Bratfond über den Löwenzahn verteilen und sofort servieren.

OMAS RAT

Kartoffelsalat schmeckt lecker, wenn man ihn mit dem Essigwasser von Einmachgurken zubereitet.

Kastanienpüree

Zutaten

800 g Kastanien (Maronen), ½ Kopf Sellerie, 1 l Fleischbrühe, 125 g Butter, 3 EL Sahne, 1 EL Zucker, 1 Prise geriebene Muskatnuss, Salz, Pfeffer

Zubereitung

Roh geschälte, gebrühte und abgezogene Maronen mit grob geschnittenem Sellerie in der Fleischbrühe weich kochen. Anschließend durch ein Sieb streichen. Masse mit übrigen Zutaten mischen und über dem Herd oder in einem Wasserbad glatt rühren.

Omas Rat

Immer eine ideale Beilage zu allen möglichen Wildgerichten.

Klausenburger Kraut

Zutaten

800 g Sauerkraut, 1 fein gehackte Zwiebel, 125 g Butter oder Schweineschmalz, 200 g Reis, 1 TL Mehl, 100 g Speckscheiben, 150 g geräucherter Schinken, einige Pfefferkörner, 250 g saure Sahne

Zubereitung

Sauerkraut mit fein gehackter Zwiebel im Fett weich dünsten. Zugleich Reis mit 400 ml Wasser in etwa 10 Minuten halbweich kochen, mit kaltem Wasser abschrecken und beiseitestellen. Mehl mit ein paar Löffeln Krautwasser glatt rühren und zum Sauerkraut geben, nochmals bei mittlerer Hitze durchkochen. Eine feuerfeste Form gleichmäßig mit Speckscheiben auslegen und darauf eine Lage Reis und wieder Kraut geben, dann fein gewiegten Räucherschinken, eine Lage Reis und wieder Kraut, bis die Form mit dem Sauerkraut abschließt. Pfefferkörner darüberstreuen und mit saurer Sahne übergießen. In den vorgeheizten Ofen schieben und bei mittlerer Hitze 30 Minuten backen.

Kohlpudding (Gefüllter Krautkopf)

ZUTATEN

1 Weißkohl, Salz, 400 g gemischtes Hackfleisch, 1 Ei, 2 altbackene, eingeweichte Brötchen, 1 fein gehackte Zwiebel, Salz, Pfeffer, 2 EL gehackte Petersilie, etwas Thymian, Basilikum, 50 g Butter, Paniermehl

ZUBEREITUNG

Kohlkopf putzen und in Salzwasser fast weich kochen. Inzwischen einen Fleischteig aus Hackfleisch, Ei, ausgedrückten Brötchen und Zwiebel herstellen. Mit den Gewürzen abschmecken. Eine Puddingform gut mit Butter ausstreichen und mit Paniermehl bestreuen. Kohlblätter und Fleischteig abwechselnd in die Form schichten. Die oberste Schicht sollten Kohlblätter sein. Mit zerlassener Butter beträufeln und abdecken. Im Wasserbad 1 Stunde garen.

OMAS RAT

Kohlgeruch kann man verhindern, indem man mit dem Kohl eine Scheibe Brot, am besten Roggenbrot, mitkocht. Riecht das Haus nach Kohl, 3–4 Nelken in einer Pfanne mit Essig köcheln.

Kümmelkartoffeln

ZUTATEN

8 gleich große Kartoffeln (etwa 1 kg), 3 EL Kümmel, 1 EL grobes Meersalz, 45 g Butter

ZUBEREITUNG

Kartoffeln waschen und halbieren. Kümmel mit Salz mischen, Schnittflächen der Kartoffeln in diese Mischung tauchen. Kartoffeln auf ein Blech setzen; zerlassene Butter darübergießen und bei 200 Grad im Ofen 30–40 Minuten backen.

OMAS RAT

Mit Kräuterquark und frischem Salat servieren.

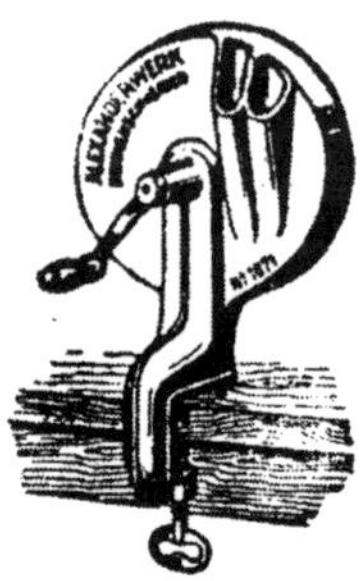

Kümmelsoße

ZUTATEN

1 EL gewiegter Kümmel, 40 g Butter, 1 kleine Zwiebel, 40 g Mehl, $^3/_8$ l Brühe, Salz, 1 Schuss Essig

ZUBEREITUNG

Kümmel in Butter leicht rösten, Zwiebel schälen und in Scheiben schneiden, zugeben, mit Mehl bestäuben und eine dunkle Einbrenne herstellen. Mit ca. $^3/_8$ l Brühe auffüllen und 15 Minuten leise kochen lassen. Die Soße durch ein Sieb streichen und abschmecken. Passt gut zu gekochtem Rindfleisch.

Leipziger Allerlei

ZUTATEN

1 kg Mischgemüse, bestehend aus Spargel, Blumenkohl, Erbsen, Möhren und Kohlrabi, 100 g Morcheln, Salz, 100 g Butter, 50 g Mehl, ca. ½ l Gemüsebrühe, Pfeffer, geriebene Muskatnuss, 4 Krebse zum Garnieren

ZUBEREITUNG

Einzelne Gemüse nach ihrer Art putzen, waschen und schneiden: Spargel in 3 cm lange Stücke, Blumenkohl in Röschen, Kohlrabi in feine Scheiben und Möhren in Würfel; Morcheln vierteln. Gemüse blanchieren, d. h. in kochendes Salzwasser geben und nach kurzem Aufkochen mit kaltem Wasser abschrecken. (Bei dieser Behandlung behält das Gemüse die kräftige Farbe und bleibt knackig.) Butter in einem Topf zerlassen, Mehl darin hell anschwitzen und mit knapp ½ l Gemüsebrühe aufgießen. Unter Rühren kurz durchkochen lassen und geviertelte Morcheln und blanchiertes Gemüse zugeben. Mit Salz, Pfeffer und Muskat abschmecken. Mit den Krebsen garniert anrichten.

OMAS RAT

Dieses Gemüse wird als Beilage zu Gerichten wie Putenbraten oder Kalbfleisch gereicht. Im Gegensatz zu heute (Tiefkühlware) wurde dieses Gericht in der Vergangenheit nur frisch zubereitet. Seinen Ursprung hat es in Leipzig, das Anfang des 19. Jahrhunderts führendes Zentrum des feinen Gemüseanbaus war.
Blumenkohl immer in leichtem Essig- oder Salzwasser waschen, da dadurch Insekten herausgezogen werden.
Geschälter Spargel hält sich frisch, wenn man ihn in ein in Essigwasser getauchtes Tuch wickelt.

Mandelkrensoße

ZUTATEN

40 g Butter, 40 g Mehl, $^3/_8$ l Milch, 1 Prise Zucker, Salz, 50 g geschälte, grob gestoßene Mandeln, 100 g geriebener Meerrettich (Kren)

ZUBEREITUNG

Eine helle Mehlschwitze aus Butter und Mehl herstellen. Mit Milch auffüllen und knappe 10 Minuten köcheln lassen. Kurz vor dem Anrichten abschmecken, Mandeln und Kren zugeben.

OMAS RAT

Geriebener Meerrettich wird nicht dunkel, wenn man ihn gleich mit etwas Zitronensaft beträufelt. Mandelkrensoße schmeckt zu gekochtem Rindfleisch oder gedünstetem Fisch.

Pikanter Kartoffelsalat

ZUTATEN

1 kg Salatkartoffeln, 3 große Essiggurken, ¼ l Fleischbrühe, 3 EL Kräuteressig, 4 EL Olivenöl, 4 EL fein gewiegte Zwiebeln, 1 TL scharfer Senf, 1 TL Sardellenpaste, Salz, Pfeffer, Worcestersoße, 1 EL Kapern

ZUBEREITUNG

Kartoffeln dämpfen, schälen und in Scheiben schneiden. Gurken in dünne Blättchen schneiden. Fleischbrühe erhitzen, mit den restlichen Zutaten (bis auf die Kapern) verrühren und abschmecken; über die noch warmen Kartoffeln geben und vermischen. Kartoffelsalat 1 Stunde ziehen lassen, nochmals abschmecken und mit den Kapern garnieren.

Rosinensoße

ZUTATEN

50 g Butter, 30 g Zucker, 40 g Mehl, 1 Glas Weißwein, ½ l kräftige Brühe, 60 g Rosinen, 40 g Korinthen, Saft von ½ Zitrone, Salz, 1–2 EL Schmand

ZUBEREITUNG

In heißer Butter den Zucker glasieren und mit Mehl dunkel rösten. Mit Weißwein ablöschen und mit Brühe auffüllen. Rosinen, Korinthen und Zitronensaft hinzufügen. Alles gut verrühren und unter Rühren zum Kochen bringen. Bei schwacher Hitze 5 Minuten köcheln lassen. Am Ende der Garzeit abschmecken und mit Schmand verfeinern.

OMAS RAT

Die Soße kann noch mit Mandeln verfeinert werden.

Sardellensoße

ZUTATEN

60 g Butter, 50 g Mehl, 1 EL gehackte Petersilie, 1 gewiegte Zwiebel, 4 EL Weißwein, ½ l Brühe, 60 g Sardellen (oder Sardellenpaste oder 100 g Sardellenbutter), 1 Prise Zucker, etwas Zitronensaft, 100 g saure Sahne, 1 Eigelb

ZUBEREITUNG

Eine helle Einbrenne aus Butter und Mehl herstellen und darin Petersilie und Zwiebel glasig dünsten. Mit Weißwein ablöschen und mit Brühe auffüllen. Bei schwacher Hitze 5–10 Minuten leise kochen lassen. Sardellen waschen, putzen, fein wiegen oder hacken und zur fertigen Soße geben. Mit den Geschmackszutaten abschmecken, mit saurer Sahne und Eigelb verfeinern.

Sauerampferpüree

ZUTATEN

800 g mit etwas Spinat vermischter Sauerampfer, 40 g Mehl, 80 g Butter, 100 ml Fleischbrühe, Salz und Pfeffer nach Belieben, 250 g saure Sahne

ZUBEREITUNG

Sauerampfer von groben Stielen befreien, gründlich waschen, abtropfen lassen, fein wiegen oder durch den Fleischwolf geben. Eine helle Einbrenne aus Mehl und Butter herstellen, Sauerampfer zugeben, ein paar Minuten durchdünsten, mit Fleischbrühe auffüllen und abschmecken. Mit saurer Sahne verfeinern.

OMAS RAT

Das Püree können Sie als Beilage zu gekochtem Rindfleisch oder Kalbfleisch servieren. Diese gesunde Beilage passt auch vorzüglich zu gekochtem Fisch.

Schupfnudeln

ZUTATEN

750 g mehlig kochende Kartoffeln, Kräutersalz, geriebene Muskatnuss, 1 Prise weißer Pfeffer, 2 Eier, 100 g Mehl, Mehl zum Formen, 50 g Butter oder Butterschmalz zum Braten

ZUBEREITUNG

Kartoffeln als Pellkartoffeln garen, trocken dämpfen und schälen. Am nächsten Tag reiben oder durch die Presse drücken. Salz, Muskat, Pfeffer und Eier zufügen, Mehl schnell einarbeiten und Teig mit bemehlten Händen zu etwa kleinfingerdicken und -langen Rollen formen, die an beiden Enden spitz zulaufen. Schupfnudeln in siedendem Salzwasser 10 Minuten ziehen lassen. Mit zerlassener Butter begießen oder kurz anbraten und servieren. Wenn man reichlich Fett in einer Pfanne erhitzt und die Schupfnudeln – fast schwimmend – darin portionsweise goldbraun brät, werden sie im Schwäbischen „Bubenspitzle" genannt.

OMAS RAT

Schupfnudeln zu Sauerkraut oder Wild- und Rindfleischgerichten mit Soße servieren. Schupfnudeln schmecken auch mit goldbraun gerösteten Zwiebelringen angerichtet zu einem Salatteller.

Schwäbische Spätzle

ZUTATEN

400 g Mehl, Salz, 4 Eier, etwas Butter

ZUBEREITUNG

Aus gesiebtem Mehl, Salz, Eiern und ⅛ l kaltem Wasser einen zähen Teig machen und diesen so lange schlagen, bis er glatt ist. 2 l Wasser mit 2 TL Salz ansetzen und zum Kochen bringen. Von dem Teig mit einem großen Esslöffel portionsweise etwas auf ein Holzbrettchen geben. Am besten eignet sich natürlich das schwäbische Spätzlebrett dazu, denn es ist an einer Kante abgeflacht. Die Teigportion auf dem Brettchen möglichst dünn ausstreichen und dann mit einem Messer die einzelnen Spatzen abschaben und ins kochende Wasser fallen lassen. Nach wenigen Minuten sind die Spatzen gar und schwimmen auf dem Wasser. Die Spatzen sogleich mit einem Schaumlöffel abschöpfen, in ein Sieb geben und kurz mit kaltem Wasser abschrecken; abtropfen lassen. Die fertigen Spatzen locker auf einem Brett auslegen.

Vor dem Essen etwas Butter in eine Pfanne geben und schmelzen lassen. In die heiße Butter werden die Spatzen gegeben, kurz unter Wenden angewärmt und sofort heiß serviert. Man kann die Spatzen auch etwas länger in der Pfanne lassen und sie leicht gebräunt reichen. Für Käsespätzle die Spatzen mit reichlich geriebenem Käse bestreuen und im Ofen überbacken.

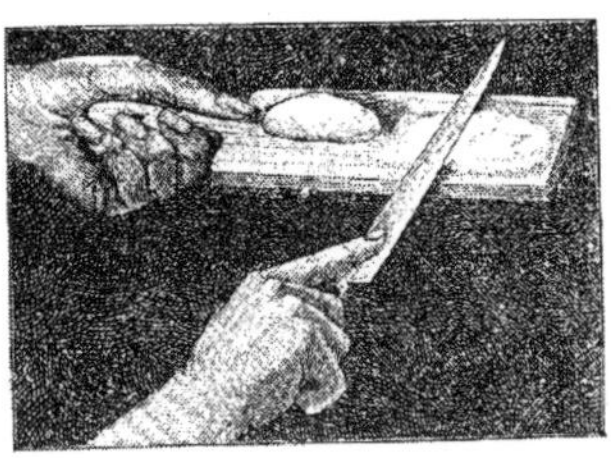

Selleriesoße

ZUTATEN

1 Knolle Sellerie, 70 g Butter, 60 g Mehl, ½ l Brühe, Salz, 1 Prise weißer Pfeffer, etwas Zitronensaft, 1 Schuss Sahne, 1 Eigelb nach Belieben

ZUBEREITUNG

Sellerie schälen und in kleine Würfel schneiden. Butter in einem Topf erhitzen, Sellerie darin durchdünsten, Mehl zugeben und mit Brühe auffüllen. Mit Salz und Pfeffer gut würzen und 30 Minuten garen. Am Schluss die Soße durch ein Sieb passieren, mit Zitronensaft abschmecken und mit Sahne verfeinern. Bei Bedarf kann die Soße mit einem Eigelb noch legiert werden.

OMAS RAT

Diese Soße ist sehr beliebt zu gedämpftem oder gebratenem Truthahn.

Verlängerter Grünkohl

ZUTATEN

800 g Grünkohl, Salz, 200 g Brot, 100 g Butter, 1 Zwiebel, 30 g Zucker, ¼ l Brühe, 250 g saure Sahne

Zubereitung

Grünkohl waschen, die Blätter von den Rippen befreien und im kochenden Salzwasser offen ein paar Minuten kochen lassen. Aus dem Sud nehmen, abtropfen lassen und fein hacken oder durch die Fleischmaschine drehen. Das Brot in kleine Würfel schneiden. Die Hälfte der Butter in einer Pfanne erhitzen. Die Brotwürfel im Fett goldbraun rösten und beiseitestellen. Zwiebel schälen und fein hacken. Restliches Fett in einem Topf erhitzen, Zwiebel darin mit Zucker bräunlich dünsten und den Grünkohl zugeben. Mit Brühe aufgießen, gründlich durchkochen lassen und mit Salz abschmecken. Zum Schluss Brotwürfel zum „Verlängern" untermischen und mit saurer Sahne verfeinern.

Omas Rat

Grünkohl sollte vor dem Verbrauch immer einen Frost abbekommen haben. Will der Frost nicht kommen, kann man nachhelfen. Den frisch geernteten Grünkohl ein paar Stunden in die Gefriertruhe legen. Erst dann zubereiten.

Warme Bohnensoße

ZUTATEN

200 g weiße Bohnen, 30 g Butter, 30 g Mehl, ¼ l Brühe, 1 EL Essig, Salz, Pfeffer nach Belieben, 1 zerdrückte Knoblauchzehe, etwas Sahne

ZUBEREITUNG

Bohnen in wenig Wasser weich kochen und durch ein Sieb passieren. Dann aus Butter und Mehl eine Mehlschwitze herstellen, Bohnenbrei zugeben und mit Brühe auffüllen. Ca. 20 Minuten köcheln lassen, dabei das Rühren nicht vergessen, und mit restlichen Zutaten abschmecken.

OMAS RAT

Probieren Sie diese Soße einmal zu gekochtem Räucherspeck oder geräucherten Würsten.

Flammengröße ist nach Topfbodengröße einzustellen.

Richtig.

Kleine Topfbodenfläche.
Flamme entsprechend kleinstellen

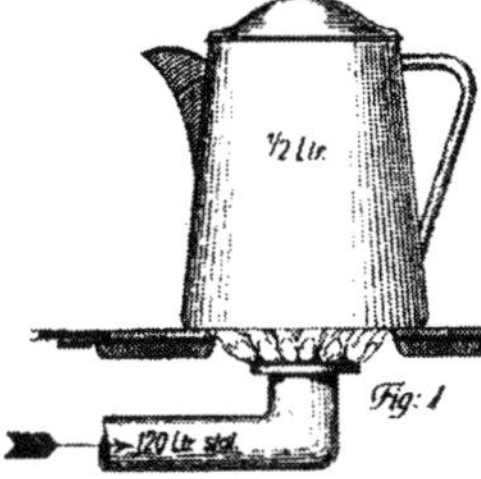

Falsch.

Zu große Flamme, Topf steht zu hoch.–
Verschwendung unausgenützter Wärmeeinheiten.

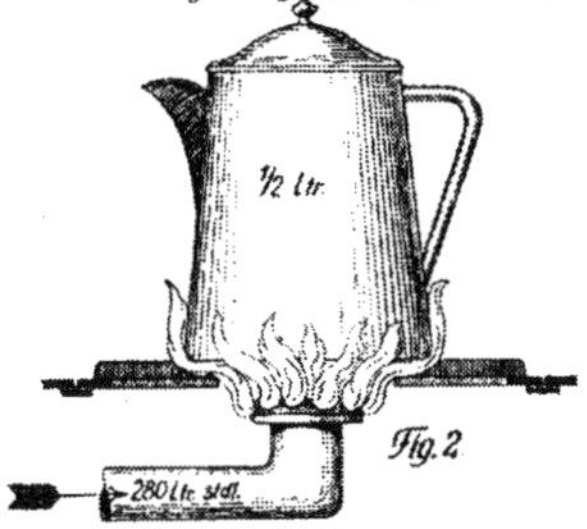

Die Heizflamme soll nie über den Topf hinausschlagen, da die Heizgase sonst schlecht ausgenützt abziehen; also weite Töpfe verwenden.

Richtig.

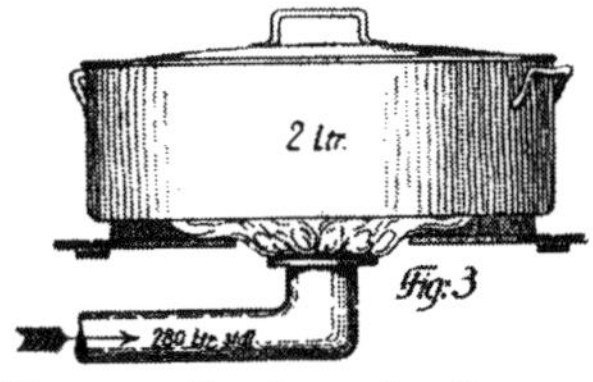

Falsch.

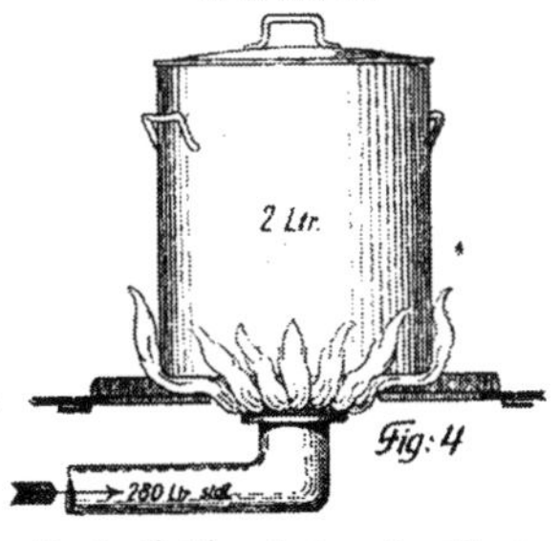

Töpfe sollen beim Kochen die Herdplatte nicht abschließen.

Richtig.

Heizgase können zwischen Herdplatte und Topfboden aufsteigend die Topfwände umspülen und dort Wärme abgeben; Herdplatte bleibt kühl.

Falsch.

Topfboden schließt die Herdplatte ab.
Herdplatte wird unnötig erhitzt
(Die heißen Verbrennungsgase können die Topfwände nicht umspülen.

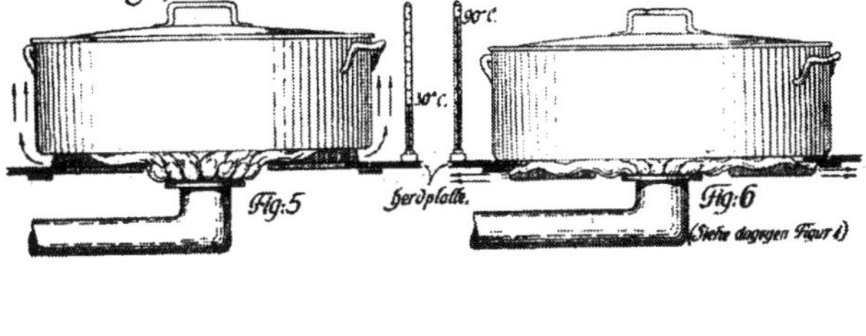

Kartoffeln, Reis, Nudeln und Brot

Badische Dünnele

ZUTATEN (FÜR 2 BLECHE BZW. 6 PORTIONEN)
1 kg Zwiebeln, 4 EL Butterschmalz, Salz, Pfeffer, 500 g Mehl, 2 TL Zucker, ¼ l Milch, 1 Würfel frische Hefe, 2 EL Öl, Mehl zum Ausrollen, 150 g grob geriebener Emmentaler

ZUBEREITUNG
Zwiebeln schälen, halbieren und in dünne Scheiben schneiden. Im heißen Fett etwa 15 Minuten dünsten, vom Herd nehmen und mit Salz und Pfeffer würzen. Mehl, Salz, Zucker, die in etwas Milch aufgelöste Hefe, Milch und Öl zu einem Teig verkneten. Diesen zur doppelten Größe aufgehen lassen und nochmals durchkneten. Teig halbieren und beide Hälften in der Größe des Backblechs (38 cm x 33 cm) auf bemehlter Fläche sehr dünn ausrollen. Die Zwiebeln auf dem Teig verteilen und die Bleche nacheinander 20 Minuten im vorgeheizten Ofen bei 200 Grad backen. Nach 10 Minuten Backzeit den Käse über die Dünnele streuen.

Omas Rat

Die Dünnele sind ähnlich wie Zwiebelkuchen ein idealer Begleiter zu Weißwein und lassen sich gut vorbereiten, sodass man sie dann bei einem geselligen Abend ganz frisch aus dem Ofen reichen kann.

Badische Nudeln

Zutaten

300 g Röhrennudeln, Salz, 150 g gekochter Schinken, 150 g Butter, 40 g Mehl, ¼ l Milch, Salz, Pfeffer, etwas geriebene Muskatnuss, 100 g geriebener Emmentaler, 50 g zerlassene Butter

Zubereitung

Röhrennudeln in Salzwasser weich kochen, mit kaltem Wasser abschrecken, abtropfen lassen und klein schneiden. Schinken in kleine Würfel oder Streifen schneiden und beiseitestellen. 100 g Butter in einem Topf zergehen lassen, Mehl dazugeben, kurz anschwitzen (ohne dass es Farbe bekommt) und mit Milch auffüllen. Dabei mit einem Schneebesen gut am Topfboden rühren, damit die Soße nicht ansetzt oder anbrennt. Soße aufkochen und dicken lassen. Die Béchamelsoße soll von sämiger Konsistenz sein. Kleine Auflaufformen oder Muschelformen mit Butter ausstreichen und darin Nudeln und Schinkenwürfel gleichmäßig verteilen. Weiße Soße mit Gewürzen gut abschmecken und die Förmchen ausgießen. Mit Emmentaler bestreuen und mit zerlassener restlicher Butter beträufeln. Bei mittlerer Hitze in den Ofen schieben und 15 Minuten backen lassen. In Portionsstücke teilen und noch heiß servieren.

OMAS RAT

Dieses Rezept ist beliebig variabel als Restegericht. Auch Spätzle eignen sich gut für diese Zubereitung.

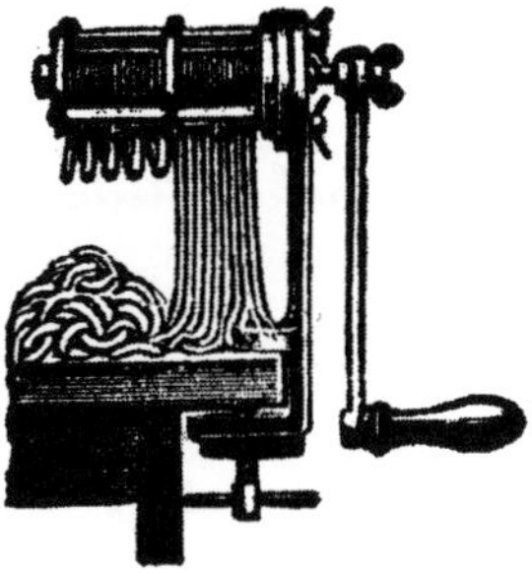

Bauernpfanne

ZUTATEN

1 kg festkochende Kartoffeln, 200 g durchwachsener geräucherter Speck, 3 Pfälzer Würste, 2 Zwiebeln, 2 geschälte Tomaten, Bratfett, 4–6 Eier, 1 EL Kümmel, 1 TL Paprikapulver edelsüß, Salz, Pfeffer

ZUBEREITUNG

Kartoffeln waschen, schälen und nicht zu weich dämpfen. Speck würfeln, Pfälzer in Scheiben schneiden. Zwiebeln schälen und grob hacken und Tomaten achteln. Bratfett in einer großen Pfanne erhitzen, Speck, Zwiebeln und Pfälzer kurz anbraten, bis die Zwiebeln glasig sind. Kartoffeln in Scheiben schneiden, dazugeben und in 10–15 Minuten schön knusprig braten. Eier und Tomaten hinzugeben und deftig würzen.

Böhmische Knödel

ZUTATEN

7 altbackene Brötchen, 2 Zwiebeln, 3 EL fein gehackte Petersilie, 100 g Butter, 250 g Mehl, 4 Eier, Salz, knapp $1/3$ l warme Milch

ZUBEREITUNG

Die Brötchen in gleichmäßig kleine Würfel schneiden und mit 1 gehackten Zwiebel und Petersilie in heißer Butter leicht rösten. Kloßteig aus Mehl, Eiern, Salz und Milch herstellen. Noch warme Brotwürfel untermengen und zwei schöne, große Knödel formen. In kochendes Salzwasser einlegen und halb zugedeckt gute 30 Minuten bei mittlerer Hitze kochen lassen. Inzwischen restliche Zwiebel schälen, in Ringe schneiden und in Butter goldgelb rösten. Die garen Klöße gut abtropfen lassen und mit gerösteten Zwiebelringen anrichten.

OMAS RAT

Böhmische Knödel werden mit über Kreuz gelegtem, starkem Zwirn in dicke Scheiben zerteilt oder mit Gabeln in gleiche Teile zerrissen.

Gefüllte Kartoffelrolle

ZUTATEN

1 kg Kartoffeln, 150 g Mehl, 4 Eier, Salz, geriebene Muskatnuss, ½ Brötchen (auch vom Vortag), ½ Zwiebel, 300 g gemischtes Hackfleisch, Pfeffer, Senf, Paprikapulver, 2 EL gehackte Petersilie, Bratfett

ZUBEREITUNG

Kartoffeln waschen, schälen und dämpfen. Heiß durch die Kartoffelpresse drücken. Mehl, 2 Eier, Salz und Muskat hinzugeben und rasch einen lockeren Teig herstellen. Brötchen einweichen und Zwiebel klein schneiden. Hackfleisch, fest ausgedrücktes Brötchen, Zwiebel, 2 Eier, Pfeffer, Salz, Senf, Paprika und Petersilie gut vermischen und pikant abschmecken. Kartoffelteig auf Alufolie etwa ½ cm dick rechteckig ausrollen. Hackfleischteig darauf verteilen. Untere Kante knapp einschlagen und den Teig aufrollen. Dann in 1 ½ cm dicke Scheiben schneiden und in hellem Bratfett von beiden Seiten goldgelb braten.

OMAS RAT

Schrumpelige Kartoffeln legt man 1 Tag in kaltes Wasser. Dabei wird das verlorene Wasser ersetzt. So lassen sie sich auch besser schälen. Zu viel geschälte Kartoffeln bewahren Sie am besten in einem verschließbaren, mit Wasser und etwas Essig gefüllten Gefäß auf.

Gewürzbrot

ZUTATEN (FÜR 1 LAIB VON CA. 600 G)

20 g Butter, 1 Würfel Hefe (42 g), 150 g Roggenmehl (Type 1740), 450 g Weizenmehl (Type 405), 1 EL Salz, 1 EL frischer, fein gehackter Estragon, 4–5 EL frische, fein gehackte Petersilie, Mehl für das Backblech, 1 Ei

ZUBEREITUNG

¼ l Wasser erwärmen und die Butter darin zergehen lassen. Zerbröckelte Hefe zugeben und unter Rühren darin auflösen. 150 g Roggenmehl mit 300 g Weizenmehl und dem Salz in einer Schüssel mischen. Hefeflüssigkeit einrühren und alles mit den Knethaken des elektrischen Handrührgerätes zu einem glatten Teig kneten. Teig an einem warmen Ort mit einem sauberen Küchentuch zugedeckt mindestens 30 Minuten gehen lassen. Dann restliches Weizenmehl, Estragon und Petersilie in den Teig kneten und diesen zu einem Brotlaib formen. Auf ein bemehltes Blech setzen und abgedeckt nochmals 20 Minuten an einem warmen Ort ruhen lassen. Brot mit verquirltem Ei bestreichen, im vorgeheizten Ofen bei 200 Grad goldgelb backen und auf einem Kuchengitter auskühlen lassen.

OMAS RAT

Der Estragon lässt sich auch durch frisches Basilikum oder Majoran ersetzen. Einen besonders kernigen Biss bekommt das Gewürzbrot, wenn man 100 g Sonnenblumenkerne unter den Teig mischt.

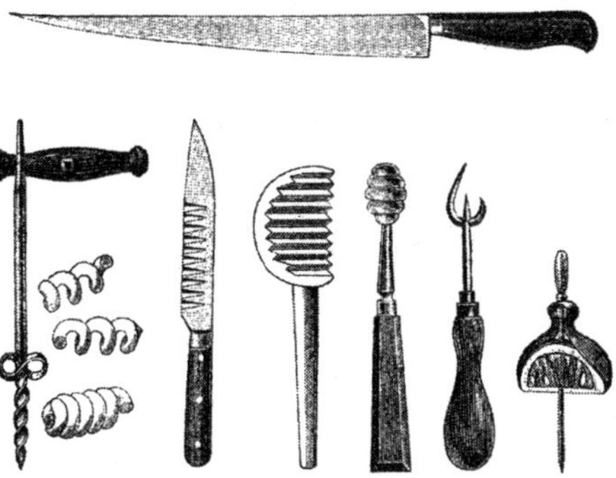

Kartoffeln auf badische Art

Zutaten (für 6 Portionen)

3 Möhren, 500 g Zwiebeln, 1 Knoblauchzehe, 350 g Schweinenacken, 450 g Rinderbrust, 400 g Lammschulter, Pfeffer, 2 Gewürznelken, 1 Lorbeerblatt, 3 Zweige Thymian, Salz, 1 l trockener Weißwein, 1 ½ kg vorwiegend festkochende Kartoffeln, 1 EL Butterschmalz

Zubereitung

Möhren waschen, in Scheiben schneiden, 1 Zwiebel achteln und Knoblauch halbieren. Fleisch würfeln und mit den Gewürzen mischen. Alles zusammen mit Wein bedeckt zugedeckt über Nacht marinieren. Kartoffeln und restliche Zwiebeln schälen und in Scheiben schneiden. Die halbe Menge in den gewässerten Tontopf füllen und würzen. Fleisch, Kartoffeln und Zwiebeln einschichten und würzen; dann mit gesiebter Marinade begießen. Mit Schmalzflöckchen belegen und zugedeckt in den kalten Ofen stellen. Gut 1 Stunde bei 200 Grad und weitere 3 Stunden bei 150 Grad garen. Sofort servieren.

Käse-Wein-Nudeln

ZUTATEN

60 g Butter, 1 Zwiebel, 100 g grobe Leberwurst, ⅛ l trockener Weißwein, ¼ l Sahne, 3 EL gemischte, gehackte Kräuter, 400 g Bandnudeln, Salz, 100 g geriebener Emmentaler, Pfeffer

ZUBEREITUNG

Für die Soße Butter erhitzen und die klein geschnittene Zwiebel darin glasig dünsten. Leberwurst zugeben, verrühren und mitdünsten. Mit Weißwein ablöschen und kurz köcheln lassen. Hitze reduzieren, Sahne und Kräuter untermengen und die Soße nicht mehr kochen lassen. Nudeln in reichlich Salzwasser bissfest kochen und abgießen. Soße und den geriebenen Käse unter die Nudeln mischen. Mit Salz und Pfeffer würzen.

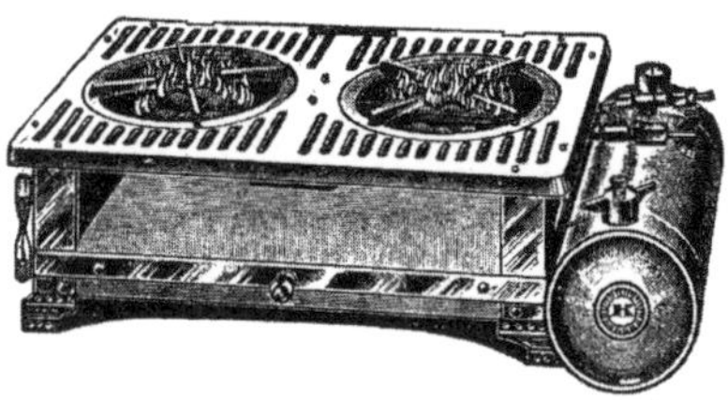

Kerniges Zwiebelbrot

ZUTATEN (FÜR EINEN LAIB VON 500 G)

100 g geschroteter Dinkel, 2 Zwiebeln, 10 g Butter, 3 Zweige Salbei, 250 g Weizenvollkornmehl, 250 g Roggenmehl (Type 1150), 1 TL Salz, 200 g saure Sahne, 1 Würfel Hefe, 75 g geschälte Kürbiskerne, Fett für die Form, Mehl zum Bestäuben

Zubereitung

Dinkel in ¼ l kochendes Wasser geben. Bei schwacher Hitze unter mehrmaligem Umrühren 20 Minuten ausquellen, dann abkühlen lassen. Gewürfelte Zwiebeln in Butter glasig dünsten. Fein gehackte Salbeiblättchen, beide Mehlsorten, Salz und gedünstete Zwiebeln mischen. Saure Sahne lauwarm erwärmen, Hefe hineinbröckeln und alles verrühren. Zusammen mit dem Dinkel zum Mehlgemisch geben und alles kräftig durchkneten. Zugedeckt an einem warmen Ort etwa 30 Minuten gehen lassen. Teig nochmals gut durchkneten und gleichzeitig die Kürbiskerne unterarbeiten. Teig in die gefettete Kastenform geben und nochmals an einem warmen Ort 15 Minuten gehen lassen. Mit Mehl leicht bestäuben und im vorgeheizten Backofen bei 200 Grad 80–90 Minuten backen.

Omas Rat

Zwiebeln werden besonders knusprig und appetitlich braun, wenn man sie vor dem Anbraten kurz in etwas Mehl wälzt.

Laugenbrezeln

Zutaten (für 12 Stück)

1 Würfel frische Hefe (42 g), 1 TL Zucker, 500 g Weizenmehl (Type 550), 1 TL Salz, 20 g Butter, Mehl für die Arbeitsfläche, 10 g Natron, 1–2 EL grobes Salz zum Bestreuen

Zubereitung

Hefe in 300 ml lauwarmem Wasser mit dem Zucker auflösen. Mehl in eine Schüssel sieben, die Hefeflüssigkeit dazugeben und mit Salz und Butter verkneten. Auf bemehlter Arbeitsfläche zu einer Rolle formen und in 12 Stücke schneiden. Die einzelnen Stücke weiter ausrollen, bis sie jeweils ca. 40 cm lang sind. Brezeln daraus schlingen und zugedeckt 10 Minuten gehen lassen. Inzwischen 1 l Wasser mit Natron zum Kochen bringen und die gegangenen Brezeln für 30 Sekunden in das kochende Wasser legen, dann mit einem Schaumlöffel herausnehmen und auf ein mit Backpapier belegtes Blech legen. Mit grobem Salz bestreuen und unbedingt noch einmal 30 Minuten kalt stellen. Dann im vorgeheizten Ofen bei 225 Grad ca. 20 Minuten backen.

Omas Rat

Die typische Form der Brezel war schon in der Antike bekannt und dient heute noch als Wahrzeichen der Bäckerinnung. In zahlreichen Ländern auf der ganzen Welt verbreitet – in süßen und pikanten Varianten – ist die „Brezen" in Deutschland v. a. in Bayern sehr populär, unverzichtbar z. B. zu Weißwürsten und bei der Brotzeit im Biergarten. In der länglichen Form nennt man sie „Laugenstangerl", in kugeliger Brötchenform „Kastanie".

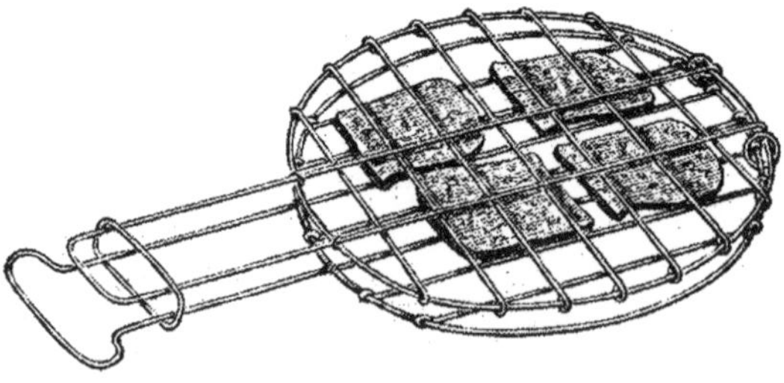

Makrelen-Nudel-Auflauf

ZUTATEN

500 g Makkaroni, Salz, 400 g geräucherte Makrelen, Fett für die Form, 1 Zwiebel, 1 EL Öl, 1 EL Mehl, ¼ l heiße Brühe, 100 g Tomatenmark, 1 kleines Lorbeerblatt, Pfeffer, edelsüßes Paprikapulver, 1 Prise Zucker, 2 EL Paniermehl, 2 EL Butter, 1 EL gehackte Petersilie,

ZUBEREITUNG

Nudeln in kochendem Salzwasser bissfest garen, abgießen und abtropfen lassen. Geräucherte Makrelen häuten, Gräten entfernen und in mundgerechte Stücke zerpflücken. Eine Auflaufform mit Butter einfetten und schichtweise Nudeln und Fisch einfüllen. Zwiebel schälen, fein hacken und im erhitzten Öl glasig werden lassen. Mehl darüberstäuben, hell anschwitzen und Brühe mit Tomatenmark unterrühren. Das Lorbeerblatt dazugeben, würzen, aufkochen und 10 Minuten köcheln lassen. Abschmecken, Lorbeerblatt herausnehmen und die Soße über den Auflauf gießen. Mit Paniermehl und Butterflöckchen bestreuen und im vorgeheizten Backofen bei 210 Grad etwa 30 Minuten überbacken. Mit Petersilie bestreut servieren.

Möhrenbrot

ZUTATEN (FÜR EINEN LAIB VON 500 G)

200 g fein geriebene Möhren, 2 EL Öl, 350 ml Buttermilch, 1 TL Koriander, 2 Päckchen Trockenbackhefe, 150 g feine Haferflocken, 350 g Mehl, Fett für die Form

ZUBEREITUNG

Möhren in Öl andünsten und zugedeckt abkühlen lassen. Buttermilch, Koriander, Trockenbackhefe und Haferflocken unterrühren, 15 Minuten ruhen lassen. Das Mehl unterkneten und den Teig in eine gefettete Kastenform füllen. Um die Hälfte aufgehen lassen und in den kalten Backofen schieben. Bei 200 Grad etwa 1 Stunde backen.

OMAS RAT

Haferflocken verleihen dem Brot nicht nur einen besonders herzhaften Geschmack, sie enthalten auch wertvolle Faser- und Quellstoffe und sind ideal für eine cholesterinarme Ernährung.

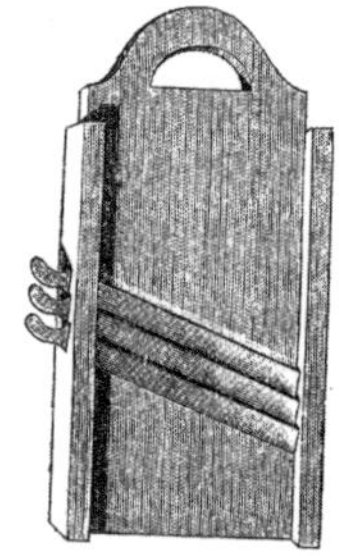

Nudelauflauf mit Äpfeln

ZUTATEN

6 Äpfel, 2 EL brauner Zucker, 1 TL Zimt, 1 Prise Salz, 50 g Butter, 125 g Sahnequark, 4 EL Sahne, 375 g schmale Bandnudeln, Fett für die Form

ZUBEREITUNG

Äpfel schälen und in Scheiben schneiden. Mit Zucker, Zimt, Salz und zerlassener Butter behutsam mischen. Quark und Sahne verrühren und die in reichlich Salzwasser bissfest gekochten, abgekühlten Nudeln dazugeben. Alles miteinander vermischen und in eine gefettete Form geben. Im vorgeheizten Backofen bei 180 Grad etwa 40 Minuten überbacken. Der Auflauf kann heiß oder kalt gereicht werden.

OMAS RAT

Kompott oder rohe, pürierte Fruchtsoße und einen Klecks Schlagsahne dazu servieren.

Nudelpudding

ZUTATEN

300 g Bandnudeln, Salz, 80 g Butter, 80 g Zucker, 4 Eier, getrennt, etwas abgeriebene, unbehandelte Zitronenschale, etwas Vanillepulver, 75 g Paniermehl, 100 g Rosinen, 50 g Mandelstifte, 30 g Butter und 2 EL Paniermehl für die Form

ZUBEREITUNG

Nudeln in Salzwasser gar kochen, mit kaltem Wasser abschrecken und abtropfen lassen. Aus Butter, Zucker und Eigelb eine Schaummasse herstellen und mit den Nudeln vermischen. Mit Gewürzen gut abschmecken, 50 g Paniermehl einstreuen, Rosinen und Mandeln zugeben und steifen Eischnee unterheben. In eine ausgebutterte Form (mit dem restlichen Paniermehl ausgestreut) füllen und bei 220 Grad 1 knappe Stunde backen. Den Pudding warm servieren.

Reispfanne mit Huhn

ZUTATEN

2 Hühnerbrüste ohne Haut und Knochen (je 100 g), 1 TL Honig, 2 EL trockener Sherry, Saft von einer halben Zitrone, 1 TL Maisstärke, 100 g Langkornreis, 200 ml Hühnerbrühe, 2 EL Öl, Salz, weißer Pfeffer, 1 rote Paprikaschote, 1 kleine Zwiebel, Bratfett, 2 Debrecziner, 100 g Erbsen

ZUBEREITUNG

Hühnerbrüste in 2 cm breite Streifen schneiden, 30 Minuten in einer Marinade aus Honig, Sherry, Zitronensaft, Maisstärke und 2 EL Wasser ziehen lassen. Reis in Hühnerbrühe garen. Fleisch trocken tupfen und bei starker Hitze 1 Minute im Öl anbraten. Salzen und pfeffern, dann herausnehmen. Paprika und Zwiebel putzen, in Streifen teilen und im Bratfett anbraten. Würste in Scheiben schneiden, mit den Erbsen hinzufügen, mit etwas Marinade ablöschen, salzen, pfeffern und aufkochen. Geflügel und Reis darin erwärmen.

Omas Rat

Damit das Geflügel beim Kochen seinen Geschmack voll entwickeln kann, muss man es vor der Zubereitung mit heißem Wasser abwaschen.

Reisschöberl

Zutaten

125 g Reis, 1 Zwiebel, 100 g Champignons, 30 g Butter, 4 Eier, getrennt, 50 g Mehl, Fett für das Blech

Zubereitung

Reis mit ¼ l Wasser und fein gehackter Zwiebel gar dünsten. Champignons gut waschen, feinblättrig schneiden und in etwas Butter anschwenken. Eigelb mit Butter schaumig rühren. Reis, Mehl und Champignons hinzufügen. Zum Schluss noch steifen Eischnee unterheben. Die Masse auf ein gefettetes Backblech 1–2 cm dick aufstreichen und bei 200–220 Grad 30 Minuten backen. Als Suppeneinlage verwenden.

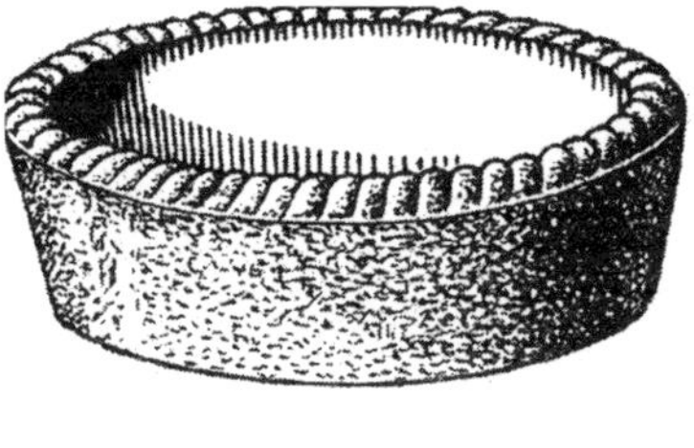

Rustikales Landbrot

ZUTATEN (FÜR 2 LAIBE ZU JE 500 G)

Für den Sauerteig: 10 g frische Hefe, 180 g Roggenmehl (Type 1150), 15 EL lauwarme Milch; für den Teig: 2 TL Öl, 2 ½ TL Salz, 6 TL Kümmel, 150 g Roggenmehl (Type 1150), 450 g Weizenmehl (Type 405), Fett für das Blech, 1 Ei

ZUBEREITUNG

Hefe zerbröckeln und in etwas Wasser auflösen. Roggenmehl, aufgelöste Hefe und ca. ¼ Wasser zu einem glatten Teig verarbeiten und diesen ca. 16 Stunden abgedeckt gehen lassen. Den Sauerteig mit lauwarmer Milch, Öl, Salz, 2 TL Kümmel und beiden Mehlsorten mischen und kräftig durcharbeiten. Teig abgedeckt an einem warmen Ort etwa 1 Stunde gehen lassen. Den Teig erneut gut durchkneten und 2 längliche oder runde Brote formen. Die Brote auf ein gefettetes Blech legen und 20–30 Minuten gehen lassen. Die Laibe mit verquirltem Ei bestreichen, mit einem scharfen Messer mehrmals schräg einschneiden und mit dem restlichen Kümmel bestreuen. Im vorgeheizten Ofen bei 200 Grad 50–60 Minuten backen.

Schichtkartoffeln

ZUTATEN

1,5 kg festkochende Kartoffeln, 100 g frische Champignons oder Egerlinge, 100 g Salami in dicken Scheiben, 100 g Butter, 200 g Krabben, 2 Knoblauchzehen, Salz, Pfeffer, 1 EL gehackte Petersilie

ZUBEREITUNG

Kartoffeln waschen, schälen, mit Wasser bedeckt etwa 20 Minuten dämpfen, etwas abkühlen und abtropfen lassen und in dünne Scheiben schneiden. Champignons oder Egerlinge putzen und in sehr dünne Scheiben schneiden. Salamischeiben halbieren. Eine niedrige, feuerfeste Keramikform mit etwas Butter einfetten, Kartoffelscheiben aufrecht nebeneinander schichten, dazwischen die Pilzscheiben, Krabben und Salamischeiben verteilen. Knoblauch schälen, fein hacken und über die Schichtkartoffeln verteilen; mit etwas Salz und Pfeffer bestreuen. Ofen auf 200 Grad vorheizen, Schichtkartoffeln gut mit einem Teil der Butter bestreichen und auf mittlerer Schiene 15 Minuten backen. Nach der halben Backzeit nochmals gut mit Butter bestreichen und fertig backen. Mit Petersilie bestreuen und heiß mit der restlichen Butter servieren.

OMAS RAT

Neue Kartoffeln bringt man in heißem Wasser zum Kochen. Ältere setzt man am besten in kaltem Wasser auf, damit die Stärke langsam zum Quellen gebracht wird.
Champignons, die voller Erde sind, in ein Sieb geben, mit Backpulver bestreuen, gut durchschütteln und nach 5 Minuten kalt abbrausen. Die Erde bleibt dann am Backpulver kleben.

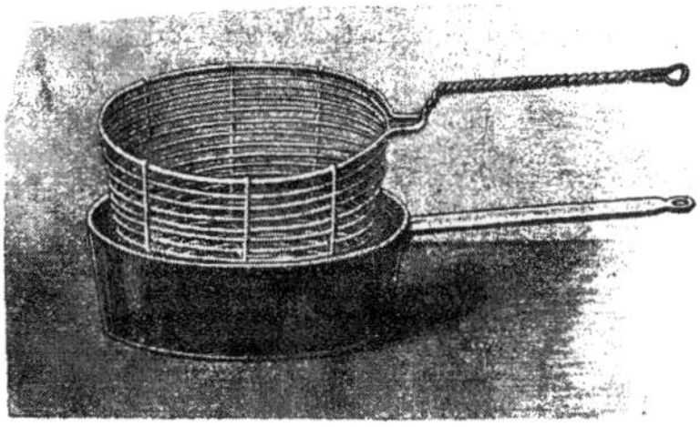

Schmarrenteigwürfel

ZUTATEN

3 Eier, 400 ml Milch, 100 g Mehl, Salz, 50 g Butter, Butter für die Form, Brühe zum Servieren

ZUBEREITUNG

Aus oben genannten Zutaten einen dickflüssigen Teig (Schmarrenteig) herstellen. Eine hitzefeste Form mit Butter ausstreichen und die zähflüssige Masse einfüllen. In ein Wasserbad stellen und 1 Stunde kochen lassen. Nach dem Ende der Garzeit die Masse stürzen und in gleichmäßige Würfel schneiden. In heißer Brühe anrichten.

OMAS RAT

Achten Sie bei einem Wasserbad immer darauf, dass das in das Wasserbad gestellte Gefäß den Boden des Bades nie berührt, da sonst zu viel Hitze übertragen wird.

Schrippen

ZUTATEN (FÜR 20 STÜCK)

500 g Weizenmehl, ½ Würfel frische Hefe, 1 gestr. TL Zucker, ¼ l kohlensäurehaltiges Mineralwasser (Zimmertemperatur), 2 gestr. TL Salz, Fett für das Backblech

Zubereitung

Mehl in eine Schüssel sieben und in die Mitte eine Mulde drücken. Hefe in 100 ml lauwarmem Wasser mit Zucker auflösen, in die Mehlmulde gießen und mit etwas Mehl verrühren. Vorteig abgedeckt an einem warmen Ort gehen lassen. Dann Mineralwasser und Salz zufügen, alles mit den Knethaken des Handrührgerätes zu einem glatten Hefeteig verarbeiten und 40 Minuten gehen lassen. Teig durchkneten, zu einem Strang rollen und in etwa 20 Stücke schneiden. Jedes Teilchen rund rollen, etwas oval formen, der Länge nach einschneiden und 10 Minuten gehen lassen. Die Brötchen auf ein gefettetes Blech setzen, mit Wasser bestreichen und im vorgeheizten Ofen bei 225 Grad knapp 15 Minuten backen. Die heißen Schrippen nochmals mit Wasser bestreichen.

Omas Rat

Die ovalen Teigballen nennt man Schrippen, aus dem gleichen Teig entstehen auch Kaisersemmeln (rund mit sternförmigen Einschnitten), Sternsemmeln (rund mit kreuzförmigen Einschnitten) oder Mohnbrötchen (Kaisersemmeln, mit Mohn bestreut).

Hefe ist noch gut verwendbar, wenn ein kleines Stück davon in heißem Wasser nach oben steigt. Bleibt die Hefe unten liegen, hat sie keine Triebkraft mehr.

Schwäbische Maultaschen

ZUTATEN (FÜR 6 BIS 8 PORTIONEN)

400 g Mehl, 4 Eier, Salz, 250 g gemischtes Hackfleisch, 200 g Kalbsbratwurstbrät, 250 g frischer Spinat, 1 Bd. Petersilie, 2 Eier, Pfeffer, geriebene Muskatnuss, 1 Eiweiß, Fleischbrühe, 4 Zwiebeln, 50 g Butter

ZUBEREITUNG

Aus Mehl, Eiern, etwas Salz und etwa 8 EL Wasser einen Nudelteig kneten und dünn ausrollen. Hackfleisch mit dem Brät mischen. Spinat in Salzwasser blanchieren, mit einer Schaumkelle aus dem Topf nehmen, abtropfen lassen und grob hacken. Die Petersilie auch hacken und untermischen. Spinat unter die Hackmasse kneten, Eier zugeben und mit Salz, Pfeffer und Muskat abschmecken. Teig in knapp 15 cm große Quadrate schneiden und auf jedes Quadrat so viel wie möglich von der Füllung geben. Teigränder mit Eiweiß bepinseln. Quadrate über Eck zusammenklappen und die Ränder fest andrücken. Maultaschen in der heißen Brühe etwa 10 Minuten ziehen lassen. Inzwischen die geschälten Zwiebeln in Ringe schneiden und in der Butter goldbraun braten. Dann in Suppentellern mit Brühe servieren und die Zwiebeln darübergeben.

OMAS RAT

Maultaschenreste schneidet man in Streifen und brät sie in Butter an. Eine schwäbische Spezialität!

Serviettenklöße

ZUTATEN

8 altbackene Brötchen, 3/8 l Milch, 1 fein gehackte Zwiebel, 1 EL gehackte Petersilie, 40 g Fett, 80 g Butter, Salz, 5 Eier, getrennt, Mehl nach Bedarf, 2 Scheiben gewürfeltes, geröstetes Weißbrot

ZUBEREITUNG

Brötchen klein schneiden und mit lauwarmer Milch übergießen – am besten etwas ziehen lassen. Zwiebel und Petersilie im Fett glasig dünsten und zu den Brötchen geben. Aus Butter, Salz und Eigelb eine Schaummasse herstellen und Brötchenmasse untermengen. Zum Schluss steifgeschlagenen Eischnee und geröstete Weißbrotwürfel unterziehen. Die lockere Masse zu einem großen Kloß formen (nach Bedarf Mehl für die Hände verwenden) und in ein großes Tuch einbinden. (Der Kloß soll noch Platz zum „Aufgehen“ haben.) Den eingebundenen Serviettenkloß in Salzwasser hängen (einen hohen Topf verwenden) und mit einem Kochlöffel über dem Topfrand halten. Zugedeckt 40–60 Minuten leise kochen lassen.

OMAS RAT

Serviettenklöße können auch als Hauptgericht, z. B. mit Kräutersoße und Salaten, gereicht werden. Als Beilage schmeckt dieser Kloß hervorragend zu Wildgerichten.

Tiroler Gröstl

ZUTATEN

800 g vorwiegend festkochende Kartoffeln, 3 große Zwiebeln, 50 g geräucherter Speck, 4 EL Butter oder Margarine, 400 g Fleischreste (vorzugsweise Bratenfleisch von Schwein oder Kalb), Salz, Pfeffer, Kümmel nach Geschmack, 3 Eier, 2 EL gehackte Petersilie

ZUBEREITUNG

Die Kartoffeln waschen, schälen, dämpfen und abkühlen lassen, in dünne Scheiben schneiden. Zwiebeln schälen und in dünne Ringe schneiden. Speck klein würfeln, mit Zwiebeln in zerlassenem Fett anbraten. Fleischreste in kleine Würfel schneiden, zugeben, leicht anrösten. Kartoffelscheiben hinzufügen und mitrösten; mit den Gewürzen abschmecken. Eier mit Petersilie unterrühren. Sobald die Eier etwas angedickt sind, das Tiroler Gröstl heiß servieren.

OMAS RAT

Wenn noch Bratensoße übrig ist, diese zum Schluss ins Gröstl rühren.
Dieses Gericht eignet sich gut zur Resteverwertung.

Weizenbrotzopf

ZUTATEN (FÜR 20 SCHEIBEN)

500 g Weizenmehl (Type 550), 1 Würfel frische Hefe (42 g), 1 TL Zucker, 1 TL Salz, 40 g Margarine, Fett für die Form, 1 Eigelb, Kümmel und grobes Salz zum Bestreuen

ZUBEREITUNG

Mehl, Hefe, 300 ml lauwarmes Wasser, Zucker, Salz und Margarine in eine Schüssel geben und mit den Knethaken des Handrührers etwa 5 Minuten kneten, bis der Teig glatt und elastisch ist. Abgedeckt an einem warmen Ort gehen lassen, bis sich das Volumen verdoppelt hat. Noch einmal durchkneten, Teig in 3 Stränge teilen und zum Zopf flechten. In eine gefettete Kastenform (24–26 cm) geben, mit verquirltem Eigelb bestreichen und mit Kümmel und grobem Salz bestreuen. Im vorgeheizten Ofen bei 200 Grad ca. 40 Minuten backen.

Omas Rat

Klebt Brot am Blech fest, beides in ein trockenes Handtuch einschlagen, solange es noch heiß ist. Wieder auswickeln – das Brot lässt sich jetzt leicht vom Blech lösen.
Brot lässt sich leichter mit einem erhitzten Messer schneiden.
Auch weiches Brot lässt sich problemlos in dünne Scheiben schneiden: einfrieren, schneiden, dann auftauen lassen.
Brot hält sich länger frisch, wenn man halbierte Apfelstücke oder Zuckerstückchen in den Brotkasten legt.

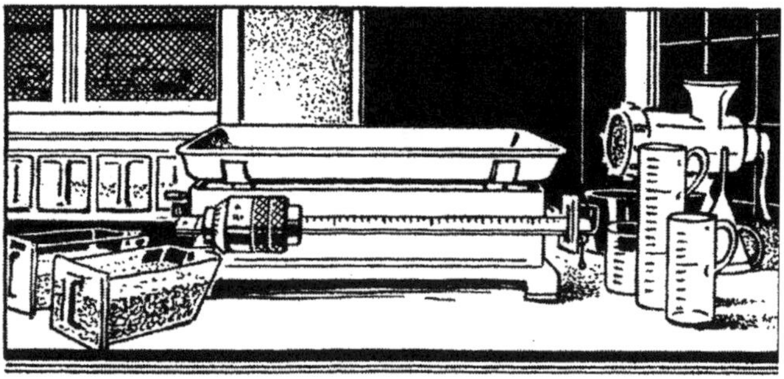

MAGGI^s
Erzeugnisse
MAGGI^s
Fleischbrühe
Würze
Suppen
Fleischbrühe

Fleischspeisen und Innereien

Bremer Labskaus

ZUTATEN

1 kg Kartoffeln, Salz, 2 Zwiebeln, 50 g Butter, 500 g Corned Beef, 2 Lorbeerblätter, etwas Essig und Zucker, Pfeffer, 4 Salzgurken, 4 Rollmöpse oder Bismarckheringe

ZUBEREITUNG

Geschälte Kartoffeln in Salzwasser gar kochen und durch die Kartoffelpresse drücken. Zwiebeln schälen, klein würfeln, in Butter glasig dünsten, das zerkleinerte Corned Beef hineingeben und anbräunen. Mit den Gewürzen abschmecken, Gurken würfeln, mit dem Kartoffelbrei untermengen. Das Gericht portionsweise mit Rollmöpsen oder Bismarckheringen anrichten.

OMAS RAT

Labskaus hat seinen Ursprung im hohen Norden und ist von Bremen bis Hamburg beliebig variabel: entweder mit Rote-Bete-Salat, Matjesstreifen oder Spiegeleiern. Labskaus ist ein klassisches norddeutsches Resteessen.

Fleischtascherln

ZUTATEN

1 Zwiebel, 1 Möhre, 500 g Schweinefleisch, Salz, Pfeffer, 1 TL gehackte Petersilie, 1 TL gehackter Schnittlauch, 3 Eier, etwas Paniermehl, 400 g Mehl, 20 g Butter

ZUBEREITUNG

Zwiebel und Möhre schälen. Zwiebel halbieren. Schweinefleisch mit Zwiebel und Möhre in Salzwasser weich kochen und in feine Streifen schneiden. Zwiebel und Möhre in kleine Stücke schneiden. Fleisch, Zwiebel und Möhre mit Salz, Pfeffer, Petersilie, Schnittlauch, 1 Ei und etwas Paniermehl vermengen. Während das Fleisch kocht, kann man den Nudelteig herstellen. Aus Mehl, Butter, 2 Eiern, etwas Salz und ca. 100 ml Wasser einen halbfesten Teig bereiten. Nach einer kurzen Ruhezeit den Teig ausrollen und 4 Blätter davon ausschneiden. Auf jedes Blatt eine Portion von der Fleischmasse geben und den frei bleibenden Teil vom Teig darüberschlagen. Mit einem Ausstecher (Krapfenausstecher) größere Taschen ausstechen. Die Ränder festdrücken. In siedendem Salzwasser 8–10 Minuten kochen. Auf einem Schaumlöffel abtropfen lassen.

OMAS RAT

Die Fleischtascherln mit gerösteten Speckwürfeln und Paniermehl servieren.

Fränkische Saure Zipfel

ZUTATEN

2 Zwiebeln, 3 Möhren, 1 Suppenwürfel, ⅛ l Weißweinessig, ¼ l Weißwein, 2 Lorbeerblätter, 2 Pimentkörner, 1 Prise Zucker, 24 Nürnberger Rostbratwürstchen, Meerrettich, Pfeffer, Petersilie

ZUBEREITUNG

Zwiebeln schälen. Möhren waschen und putzen. Beides in dünne Scheiben schneiden. 1 l Wasser zum Kochen bringen und Suppenwürfel darin auflösen. Essig, Weißwein, Lorbeerblätter, Pimentkörner, Zucker und Gemüse zufügen. Zugedeckt ca. 10 Minuten kochen. Nürnberger Würstchen hineinlegen und bei geringer Wärmezufuhr in ca. 10 Minuten gar ziehen lassen. Brühe mit Meerrettich und Pfeffer abschmecken. Mit Petersilie garnieren.

OMAS RAT

Dazu passt frisches, knuspriges Bauernbrot mit Kümmel.

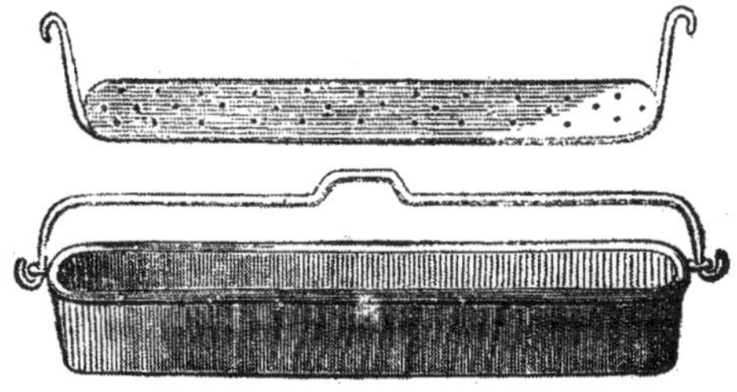

Gaisburger Marsch

ZUTATEN

Salz, 500 g Rindfleisch, 3 Nelken, 3 Zwiebeln, 1 Lorbeerblatt, 500 g Kartoffeln, geriebene Muskatnuss, 500 g Spätzle, 50 g Butter, 1 Bd. Schnittlauch

ZUBEREITUNG

In kochendem Salzwasser Rindfleisch mit mit Nelken gespickter Zwiebel und Lorbeerblatt 2 Stunden gar kochen. Fleisch und Zwiebel aus der Brühe nehmen. Rindfleisch und Kartoffeln in mundgerechte Würfel schneiden. Kartoffeln in Fleischbrühe gar kochen, würzen und, kurz bevor die Garzeit zu Ende ist, Fleischwürfel und Spätzle zugeben. Restliche Zwiebeln in Scheiben schneiden, in Butter goldgelb dünsten und über das fertige Gericht geben. Mit gehacktem Schnittlauch bestreut servieren.

Gebratener Schweinemagen

ZUTATEN

1 Schweinemagen, Salz, Pfeffer, 1 Ei, 100 g Paniermehl, 60 g Butter oder Butterschmalz

ZUBEREITUNG

Schweinemagen mit Wasser bedeckt bei mittlerer Hitze gut weich kochen. Dann abtropfen lassen und in mundgerechte Stückchen schneiden. Mit Salz und Pfeffer nach Belieben würzen, durch das verschlagene Ei ziehen und im Paniermehl wenden. In heißer Butter oder Butterschmalz unter mehrmaligem Wenden ausbraten. Anschließend auf 4 Tellern schön anrichten und servieren.

OMAS RAT
Mit kleinen Zitronenvierteln und Salzkartoffeln servieren.

Gekochte Hammelzunge

ZUTATEN
4 Hammelzungen, Salz, Wurzelwerk, 2 fein gehackte Schalotten, 60 g Butter, 70 g Mehl, knapp ⅓ l Brühe, ½ Lorbeerblatt, Salz, Pfeffer, 2 EL Estragonessig, 30 g Pfefferkuchen

ZUBEREITUNG
Frische Hammelzungen sehr gut waschen und in Salzwasser mit grob geschnittenem Wurzelwerk 1 ½–2 Stunden weich kochen. Gare Zungen kalt abbrausen, Haut abziehen und Zungen in feine Streifen schneiden; beiseitestellen. Schalotten in Butter glasig dünsten und mit Mehl eine helle Einbrenne her-

stellen. Mit Brühe aufgießen und mit Lorbeerblatt, Salz, Pfeffer, Estragonessig und Pfefferkuchen würzen. 30 Minuten köcheln und kurz vor dem Servieren die Zungenstreifen untermischen – nicht mehr kochen.

OMAS RAT

Als Beilage empfiehlt „Omas Speisezettel" Spätzle, Makkaroni oder Semmelröstscheiben.

Gulasch aus Hammelfleisch oder Schöpsenragout

ZUTATEN

800 g Hammelfleisch, 3 große Zwiebeln, 60 g Butter, Salz, Pfeffer, Kümmel, etwas abgeriebene, unbehandelte Zitronenschale, Majoran, Paprika, 30 g Mehl, ½ l Brühe, 300 g Kartoffeln, 200 g saure Sahne

ZUBEREITUNG

Fleisch waschen, in 2 cm große Würfel schneiden, Zwiebeln schälen und in Scheiben schneiden. Fleisch in heißer Butter rasch von allen Seiten anbraten und Zwiebeln zugeben. Das Ganze gut durchdünsten und dabei schon würzen. (Die Zwiebeln sollen beim Gulasch sehr gut verkochen, da sie das Gulasch binden.) Mit Mehl bestäuben und zugedeckt mit der aufgefüllten Brühe durchdünsten. Die Garzeit beträgt 1½ Stunden. Nach 1 Stunde in gulaschgroße Würfel geschnittene Kartoffeln zugeben. Zum Schluss mit saurer Sahne verfeinern, nochmals kräftig abschmecken und in einer tiefen Schüssel servieren.

Hammelbrust mit Semmelleberfüllung

ZUTATEN

1 kg Hammelbrust, Salz, 3 altbackene Brötchen, 3 Eier, ⅛ l Milch, 1 Prise geriebene Muskatnuss, 80 g Butter, 50 g gehackte Zwiebel, 50 g gehackte Petersilie, 150 g durchgedrehte Hammelleber, Wurzelwerk, einige Knochen, ½ l Brühe, 2 EL saure Sahne

ZUBEREITUNG

Vorbereitete, gewaschene und von Knochen befreite Brust innen und außen salzen. (Das Fleisch am besten vom Metzger vorbereiten lassen.) Brötchen klein würfeln, Eier, Milch, Salz und Muskat verkleppern, über die Brötchenwürfel schütten und durchziehen lassen. In etwas Butter Zwiebel und Petersilie glasig dünsten und mit Leber zur Brötchenmasse geben. Mit dieser gut abgeschmeckten Masse die Hammelbrust füllen und zunähen. Fleisch in einen eingefetteten Bräter legen, rasch von allen Seiten anbraten und klein geschnittenes Wurzelwerk und Knochen zugeben. Bei 200 Grad knappe 2 Stunden im Ofen braten. Öfter mit Brühe begießen und bei halber Garzeit wenden. Fertigen Braten aus dem Ofen nehmen und zugedeckt 10 Minuten ruhen lassen, damit sich Fleisch und Füllung besser schneiden lassen. Inzwischen die Soße passieren, abschmecken und mit saurer Sahne verfeinern. Von der gefüllten Hammelbrust den Faden oder Zwirn entfernen und schöne Scheiben von ca. 1 cm Dicke schneiden und servieren.

OMAS RAT

Hammelfleisch immer heiß servieren, da das erkaltete Fett talgig schmeckt.

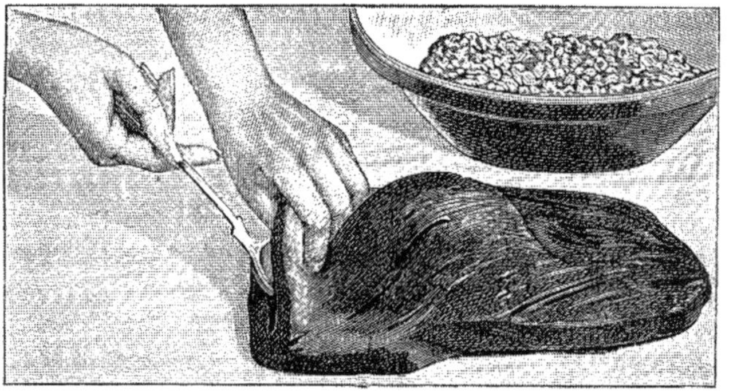

Himmel und Hölle
oder
Himmel und Erde

ZUTATEN

800 g Kartoffeln, Salz, 800 g Äpfel, Schale von 1 ungespritzten Zitrone, 3 EL Zucker, Salz, Pfeffer, 150 g durchwachsener Speck, 2 Zwiebeln, 25 g Butter, 150 g Blutwurst in Scheiben geschnitten

ZUBEREITUNG

Kartoffeln waschen und schälen, in Salzwasser weich kochen und noch heiß zerstampfen. Äpfel schälen, entkernen und mit Zitronenschale und Zucker zu Mus kochen. Kartoffelbrei mit Apfelmus vermischen und mit Salz und Pfeffer abschmecken. Speck würfeln, Zwiebeln schälen und in Scheiben schneiden. Beides in Butter bräunen. Anschließend Speckzwiebeln über den Kartoffel-Apfelbrei geben und mit Blutwurstscheiben ausgarnieren.

Omas Rat

Dazu kann man wie in Westfalen „Möpkenbrot“ servieren. Dies ist eine westfälische Blutwurst, die aus Speck, Blut, Schwarte, Schweinefleisch und Gewürzen besteht.

Kalbsleberpastete

Zutaten (für 10 Personen)

80 g fetter Speck, 2 fein gehackte Zwiebeln, 1 ½ kg Kalbsleber, 3 fein gehackte Sardellen, 1 EL gehackte Kapern, 2 EL Mehl, 1 Glas Weißwein, ¼ l Brühe, 100 g saure Sahne, etwas Speisewürze

Zubereitung

Speck in einem großen Topf auslassen und fein gehackte Zwiebeln darin andünsten. Leber feinblättrig schneiden und mit den Sardellen und Kapern zu den glasig gedünsteten Zwiebeln geben. Mit Mehl bestäuben, mit Weißwein ablöschen und mit Brühe auffüllen. Lebermasse gut einkochen lassen und saure Sahne zum Schluss dazugeben, dann abschmecken. Nach einer Garzeit von ca. 30 Minuten die dicklich eingekochte Masse vom Herd nehmen und durch ein Sieb passieren oder durch den Fleischwolf drehen.

Omas Rat

Die Pastete wird in einer runden Schüssel bergartig angerichtet und mit schönen, großen Kapern und gehacktem Aspik garniert.

Kasseler in Brotteig

ZUTATEN (FÜR 6–8 PORTIONEN)
1 Würfel frische Hefe (42 g), 800 g Weizenmehl (Type 405), 100 g Weizenvollkornschrot (Type 1700), 2 TL Salz, 1 TL Zucker, Mehl zum Ausrollen, ca. 2 ½ kg Kasseler im Stück (ohne Knochen)

ZUBEREITUNG
Hefe in ½ l lauwarmem Wasser auflösen; beide Mehlsorten mit Salz und Zucker in einer Rührschüssel mischen, die aufgelöste Hefe hinzufügen und alles zu einem festen Teig verkneten. Den Teig unter einem Tuch etwa 1½–2 Stunden gehen lassen, dann nochmals durchkneten und auf bemehlter Arbeitsfläche 1 cm dick ausrollen. Kasseler darauflegen und die Ränder darüber zusammenschlagen. Die Ränder mit Wasser einstreichen und fest aneinanderdrücken, die Oberfläche evtl. mit Teigresten verzieren und den Teig unter einem Tuch nochmals 10 Minuten gehen lassen. Auf einem mit Backpapier ausgelegten Blech im vorgeheizten Ofen bei 180 Grad 1 Stunde

backen. Während der letzten 10 Minuten Backzeit die Oberfläche des Brotes mit Wasser einpinseln. Laib kurz abkühlen lassen und zum Servieren in Scheiben schneiden.

OMAS RAT

Die Idee, saftigen Schinken gleich ins Brot „einzupacken", stammt ursprünglich aus Prag. Die angegebene Menge für die Abwandlung mit Kasseler ist ausreichend für 6–8 Personen; die Brotscheiben mit Innenleben schmecken auch noch kalt am nächsten Tag.

Königsberger Klopse

ZUTATEN

300 g Schweinefleisch und 200 g Rindfleisch als Hackfleisch, 2 Zwiebeln, ½ EL Sardellenpaste oder 4 entgrätete, fein gewiegte Sardellen, 1 eingeweichtes Brötchen, 2 Eier, 1 EL Kapern, Salz, Pfeffer, Majoran, 1 Lorbeerblatt; für die Soße: 40 g Butter, 40 g Mehl, ¾ l Brühe, 1 TL Zucker, etwas Zitronensaft, 2 EL Kapern, Salz, 100 ml Sahne, 1 Eigelb

ZUBEREITUNG

Gemischtes Hackfleisch mit gehackten Zwiebeln, Sardellen, ausgedrücktem Brötchen, Eiern und Kapern vermengen. Mit Salz, Pfeffer und Majoran sehr gut abschmecken. Aus dem Fleischteig Klopse von ca. 3–4 cm Durchmesser formen und unter Beigabe des Lorbeerblattes in kochendes Salzwasser legen. Klöße 20 Minuten ziehen lassen. Eine helle Mehlschwitze aus Butter und Mehl bereiten, mit Brühe auffüllen und durchkochen, bis die Soße sämig ist. Zucker, Zitronensaft, Kapern und, wenn nötig, Salz hinzufügen. Mit Sahne verfeinern, mit Eigelb legieren und die Klopse in der Soße nochmals erhitzen.

Lungenkrapfen

ZUTATEN (FÜR 10 PORTIONEN)

Für den Nudelteig: 200 g Mehl, 2 Eier, Salz; 1 Kalbslunge, 1 große Zwiebel, 60 g fetter Speck, 1 EL Paniermehl, 100 g Butter, Salz, Pfeffer, Zitronensaft, 2 Eier, Rindersuppe, 2 EL gehackte Petersilie

ZUBEREITUNG

Zuerst den Teig aus oben genannten Zutaten mit etwas Wasser herstellen und bei Bedarf noch 1 EL Öl hinzufügen. Zugedeckt beiseitestellen und ruhen lassen. Kalbslunge, geschälte Zwiebel und Speck sehr fein wiegen und mit Paniermehl in Butter rösten. Mit Salz, Pfeffer und Zitronensaft abschmecken und anschließend auskühlen lassen. Lungenmasse mit einem ganzen Ei und einem Eigelb binden. Nudelteig ausrollen und die Hälfte vom Teig (mit genügend Abstand) mit kleinen Lungenmushäufchen besetzen. Die andere Teighälfte darüberklappen und mit einem Ausstecher oder einer Tasse Formen von 3–4 cm Durchmesser ausstechen. Die Nahtstellen mit Eiweiß bestreichen und zusammendrücken. Die Lungenkrapfen in Salzwasser 10–15 Minuten gar kochen. In Rindersuppe anrichten und mit Petersilie bestreuen.

Pfefferpotthast

ZUTATEN

800–1000 g Rindfleisch (Hohe Rippe), Salz, 2 Zwiebeln, 3 Lorbeerblätter, 6 Nelken, 1 TL Pfefferkörner, 40 g Butter, 40 g Mehl, Saft von ½ Zitrone, 1 EL Kapern

ZUBEREITUNG

Hohe Rippe in siedendes Salzwasser einlegen und mit den fein gehackten Zwiebeln und den Gewürzen 2 Stunden kochen lassen. Fleisch von den Knochen lösen und in 2 cm kleine Würfel schneiden. Aus Butter und Mehl eine helle Mehlschwitze bereiten und mit ½ l vom abgeseihten Sud aufgießen. Gut durchrühren und 10 Minuten köcheln. Die Soße abschmecken, Zitronensaft, Kapern und klein gewürfeltes Fleisch hinzufügen und in einer Suppenschüssel servieren.

Rheingauer Braten

ZUTATEN (FÜR 3 PORTIONEN)

2 Zwiebeln, 1 Bd. Petersilie, 400 g Rouladenfleisch, 2 EL scharfer Senf, 3 Scheiben gekochter Schinken, 150 g Weintrauben, ¼ l Riesling-Wein, 1 TL Speisestärke, Salz, Pfeffer, 10 g Butter

ZUBEREITUNG

Zwiebeln schälen, Petersilie waschen, beides klein schneiden und mischen. Rouladenfleisch (als eine große dünne Scheibe) mit Senf bestreichen. Schinken und die Zwiebel-Petersilien-Mischung darauf verteilen. Weintrauben waschen, halbieren, evtl. entkernen und ⅔ auf die Füllung geben. Fleischscheibe aufrollen, mit Küchengarn umwickeln oder mit Rouladennadeln zusammenstecken. Wein und ⅛ l Wasser erwärmen. Speisestärke einrühren, zum Kochen bringen, den Braten zugeben, aufkochen und bei geringer Wärmezufuhr zugedeckt ca. 1 ½ Stunden schmoren. Gelegentlich umrühren und den Braten einmal wenden. Braten herausnehmen, 10 Minuten ruhen lassen und in Scheiben schneiden. Soße mit Speisestärke binden und mit Salz und Pfeffer abschmecken. Die restlichen Weintrauben in Butter andünsten, in die Soße geben und zum Braten reichen.

OMAS RAT

Mit Kartoffelpüree oder Salzkartoffeln servieren.

Rindsrouladen oder Rindsvögerl

ZUTATEN

4 dünne Scheiben Rindfleisch von Schlegel oder Lende, Salz, Pfeffer, Senf, 100 g geräucherter Speck, 2 Zwiebeln, 3 EL gehackte Petersilie, 50 g Butter, Wurzelwerk, ½ l Brühe, 1 EL Mehl, 100 ml Sahne

ZUBEREITUNG

Fleischscheiben salzen und pfeffern und nach Belieben dünn mit Senf bestreichen. Speck und geschälte Zwiebeln fein hacken und mit Petersilie dünsten. Füllung auf Fleischscheiben streichen, aufrollen und mit einem Hölzchen zusammenstecken oder mit einem Bindfaden umwickeln. Rouladen in heißem Fett von allen Seiten anbraten, klein geschnittenes Wurzelwerk mitrösten und mit ½ l Brühe oder Wasser seitlich aufgießen. Im geschlossenen Topf bei mäßiger Hitze knappe 2 Stunden schmoren. Rouladen aus der Soße nehmen, die Hölzchen entfernen und auf Tellern anrichten. Die Soße passieren, eine Tasse davon abnehmen, das Mehl damit glatt rühren und in den Topf zurückschütten. Nochmals aufkochen lassen, abschmecken und mit Sahne verfeinern.

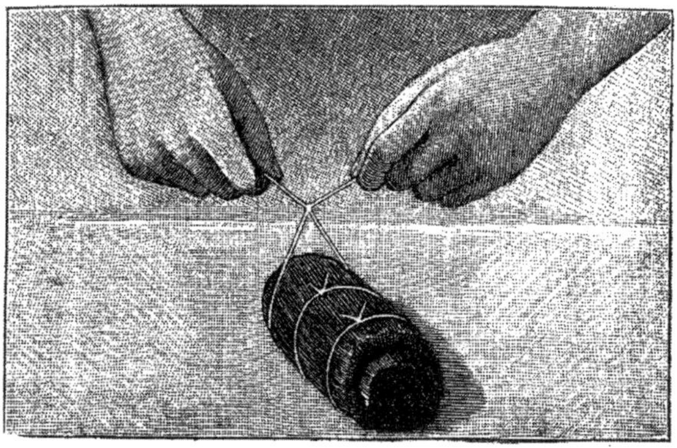

Schinkenpastete

ZUTATEN

60 g Butter, 5 EL Mehl, 250 g saure Sahne, 200 g fein gewiegter gekochter Schinken, 50–80 g geriebener Parmesan, 3 Eier, getrennt, Salz, geriebene Muskatnuss, Butter für die Form

ZUBEREITUNG

In heißer Butter Mehl hell anschwitzen, mit Sahne aufgießen und unter ständigem Rühren die Soße einkochen lassen. Sobald die Masse von dicklicher Beschaffenheit ist, vom Herd nehmen und auskühlen lassen. Anschließend Schinken, Käse, Eigelb und Gewürze untermengen. Steif geschlagene Eiweiße unterheben und das Ganze in eine feuerfeste, mit Butter ausgestrichene Form füllen und 1 Stunde bei mittlerer Hitze backen. Entweder gestürzt oder in der Form servieren.

OMAS RAT

Frisches Brot und pikante Salate passen am besten dazu.

Wild und Geflügel

Ententopf

ZUTATEN

1 große Ente, 100 g Fett, Wurzelwerk, bestehend aus Lauch, Sellerie und Möhre, 2 Schalotten, ¼ l Rotwein, 1 Lorbeerblatt, 1 Prise Zucker, 50 g Mehl, Saft von ½ Zitrone, Salz, Pfeffer, Saft von ½ Orange

ZUBEREITUNG

Vorbereitete Ente in einem mit 50 g Fett erhitzten Bräter bei 250 Grad unter häufigem Begießen (eigener Bratensaft oder Wasser) 15 Minuten braten lassen. Kurz nach dem Erkalten ausbeinen und das Fleisch in feine Stücke oder Scheiben schneiden. Knochen zusammen mit grob geschnittenem Wurzelwerk und Schalotten im entfetteten Bratensatz rösten und mit Rotwein und der gleichen Menge Wasser aufgießen. Lorbeerblatt hinzufügen und das Ganze 45 Minuten kochen lassen. Aus 50 g Fett, Zucker und Mehl eine braune Einbrenne herstellen und mit durchgeseihter Bratensoße aufgießen. Mit den übrigen Geschmackszutaten abschmecken und ein paarmal aufkochen lassen. Fleisch in einer Schüssel anrichten und mit der Soße übergießen. Auf 4 Tellern angerichtet servieren.

OMAS RAT

Entensalmi kann durch Morcheln, Champignons oder andere Pilze verfeinert werden. Der Begriff „Salmi" ist heutzutage nicht mehr so geläufig wie früher. Tatsächlich bedeutet es: „in die Soße gelegt" und hat eine Zwitterstellung – edler als ein Ragout und feiner als ein Braten.

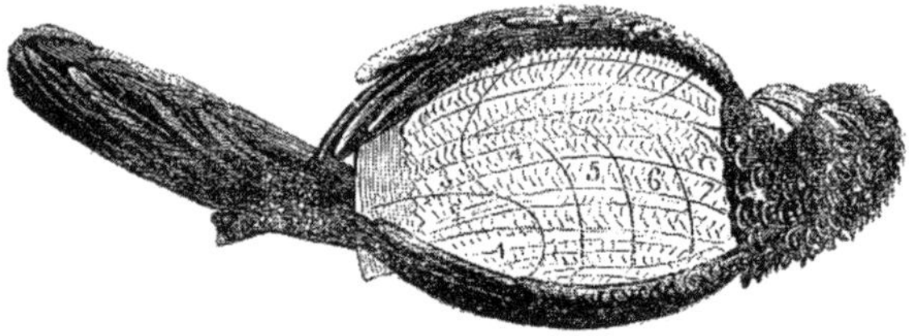

Fasan auf Sauerkraut

ZUTATEN

1 junger Fasan, Salz, Pfeffer, etwas Zitronensaft, 100 g Speckscheiben, 100 g Fett, 2 fein gehackte Zwiebeln, 1 kg Sauerkraut, ¼ l Weißwein

ZUBEREITUNG

Vorbereiteten, abgehangenen Fasan mit Salz, Pfeffer und Zitronensaft gut würzen und mit Speckscheiben umwickeln. In einer Pfanne die Hälfte vom Fett erhitzen und darin den Fasan von allen Seiten anbraten. Zugedeckt 30 Minuten dünsten. Restliches Fett in einen größeren Topf geben, Zwiebeln darin dünsten, Sauerkraut zugeben, mit Weißwein aufgießen und den halbfertigen Fasan in die Mitte legen. Bei geschlossenem Topf und mittlerer Hitze 1 Stunde schmoren.

Omas Rat

Das Geflügel auf dem Sauerkraut wie in einem Nest anrichten und mit Kartoffeln servieren. Nach Belieben mit gerösteten Semmelscheiben anrichten.

Fasan auf Winzerart

Zutaten

2 junge Fasane (ca. 600 g), 100 g fetter Speck, sehr dünn geschnitten, 50 g Butterschmalz, 1 Zwiebel, 1 Möhre, 1 TL Mehl, ⅛ l trockener Weißwein, ⅛ l Hühnerbrühe, 2 cl Cognac, ⅛ l süße Sahne, Salz, weißer Pfeffer, 300 g Weinbeeren, 30 g Butter

Zubereitung

Fasane trocken tupfen und mit Speck umwickeln. Mit Küchengarn befestigen. 15 Minuten im Butterschmalz rundherum anbraten. Zwiebel und Möhre schälen, würfeln und zugeben. Kurz durchschmoren lassen. Mehl darüberstäuben und kurz anschwitzen. Weitere 15 Minuten braten lassen und zwischendurch mit Bratenfond beschöpfen. Brustfilets ablösen und warm stellen. Keulen noch 10–15 Minuten weiterbraten lassen. Überschüssiges Fett abschöpfen. Weißwein, Brühe und Cognac zugießen und ca. 10 Minuten einkochen lassen. Zuletzt Sahne einrühren. Mit Salz und Pfeffer abschmecken. Weinbeeren abspülen, halbieren und entkernen. Kurz in Butter schwenken. Fasanenteile auf einer vorgewärmten Platte anrichten, mit Weinbeeren garnieren. Soße separat dazu reichen.

Gebackene Tauben

Zutaten

4 Tauben, Salz, Pfeffer, 125 g Mehl, 2 Eier, 100 g Paniermehl, 150 g Butter, Zitronenviertel und Petersilie zum Garnieren

Zubereitung

Bratfertige Tauben in vier Teile schneiden, mit Salz und Pfeffer gut einreiben. Dann in Mehl wenden, durch die verschlagenen Eier ziehen und im Paniermehl wenden. In heißem Fett ausbacken und knusprig mit Zitrone und Petersilie garniert servieren.

Omas Rat

Als Beilage eignen sich Bratkartoffeln und frische Salate.

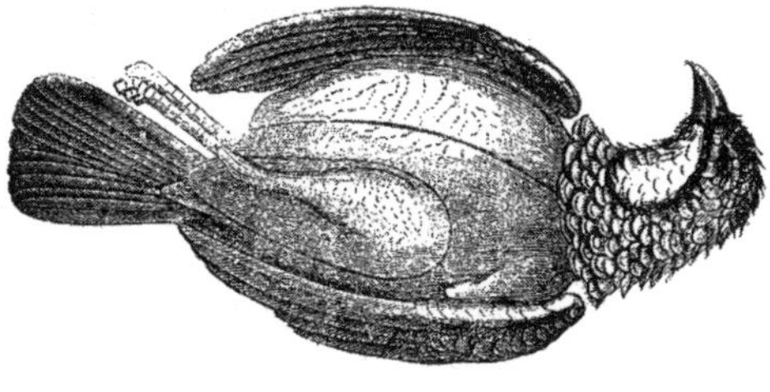

Gebackenes Rebhuhn

ZUTATEN

4 küchenfertige Rebhühner (je 300 g), Salz, weißer Pfeffer, 40 g Mehl, 2 Eier, 100 g Paniermehl, 750 g Pflanzenfett oder 2 l Öl zum Frittieren; zum Garnieren: 1 Bd. Petersilie, 4 Kopfsalatblätter, 2 Zitronen

ZUBEREITUNG

Rebhühner innen und außen abspülen, dann trocken tupfen. Jedes Rebhuhn in 4 Teile schneiden. Innen und außen mit Salz und Pfeffer einreiben. Erst in Mehl, dann in zerschlagenem Ei und dann in Paniermehl wenden. Pflanzenfett oder Öl in einem Frittiertopf auf 180 Grad erhitzen. Rebhuhnteile nacheinander im Fett 15 Minuten goldbraun backen. Herausnehmen und abtropfen lassen; warm stellen. Petersilie abspülen und trocken tupfen. Im heißen Fett 2 Minuten frittieren, dann herausnehmen. Rebhuhnteile auf abgespülte, trocken getupfte Salatblätter legen. Mit Petersilie und Zitronenspalten garniert servieren. Dazu reichen Sie Stangenweißbrot.

Gebratener Frischlingsrücken

ZUTATEN (FÜR 6 PORTIONEN)
1 Rücken vom Frischling (einjähriges Wildschwein), Salz, Pfeffer, Thymian, einige im Mörser zerstoßene Wacholderbeeren, 60 g Fett, 50 g Speck, Wurzelwerk, 2 Zwiebeln, ¼ l Rotwein, ¼ l Brühe, 2 Lorbeerblätter, einige Pfefferkörner, 1 EL Johannisbeergelee, 2 TL Speisestärke, 100 ml Sahne

ZUBEREITUNG
Darauf achten, dass der gut abgelagerte und abgewaschene Wildschweinrücken auch abgeschwartet ist. (Durch das Abbrennen der Borsten entsteht ein penetranter Geschmack auf der Schwarte.) Fleisch mit Salz, Pfeffer, Thymian und zerstoßenen Wacholderbeeren einreiben. In einem Bräter in heißem Fett von allen Seiten gut anbraten. Speck, Wurzelwerk und Zwiebeln grob schneiden und auch mitbraten. Bei 220 Grad knapp 1 ½ Stunden garen. Während des Bratvorganges mit Rotwein und Brühe auffüllen, dabei öfter den Braten übergießen und Lorbeerblätter dazugeben. Fertigen Frischlingsrücken aus der Soße nehmen, warm stellen und die Soße zubereiten. Dazu den Bratenfond durchseihen, mit Gewürzen und Johannisbeergelee abschmecken und mit Speisestärke binden. (Mit ein paar EL Soße anrühren und zurückgießen.) Zuletzt die Soße mit Sahne verfeinern. Das Fleisch vom Rücken lösen, schräg zur Faser in Scheiben schneiden und wieder dicht zusammensetzen; mit Soße übergießen und gleich servieren.

OMAS RAT
Als Beilagen empfiehlt „Oma" Sauerkraut, Rotkohl, Apfelmus, Kartoffeln und Knödel aller Art.

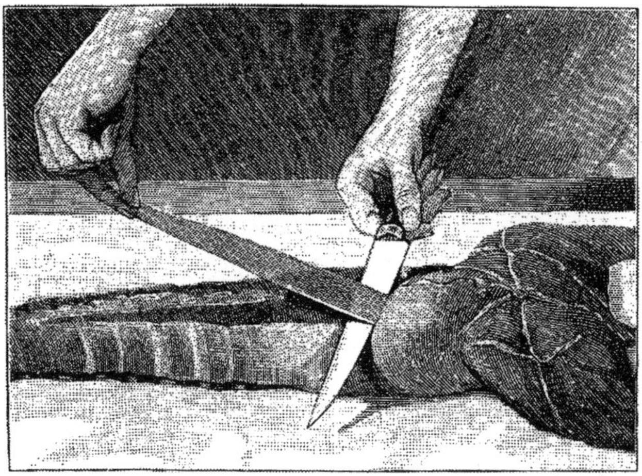

Hasenpastete

ZUTATEN

1 ganzer Hase (abgezogen), 3 alte Brötchen, 150 g roher Speck, ½ Schweinsleber, Salz, Pfeffer, Saft von ½ Zitrone, 1 Prise geriebene Muskatnuss, 2 cl Weinbrand, 50 g Butter, 10–15 dünne rohe Speckscheiben, ½ l fertige Madeirasülze; für die Beize: 200 ml Rotwein, 100 ml Essig, 1 EL Wacholderbeeren, 2 Lorbeerblätter, 3 Scheiben Zitrone, 1 Zwiebel; für den Wildfond: 50 g Butter, 100 g roher Speck, 2 Zwiebeln, Pfefferkörner, Salz, etwas Wurzelwerk

ZUBEREITUNG

Sollten Sie keine Erfahrung mit dem Zerteilen eines ganzen Hasen haben, so lassen Sie sich das Fleisch vom Fachverkäufer herrichten. Den Hasen so teilen, dass die Rückenfilets ganz bleiben, denn sie kommen in einem Stück in die Pastete. Die anderen Fleischstücke sorgfältig von den Knochen lösen und in fingerbreite Stücke schneiden. Eine Beize aus Rotwein, Essig, Wacholderbeeren, Lorbeerblättern, Zitronenscheiben und geschälter, geviertelter Zwiebel mit 400 ml Wasser herstellen, aufkochen lassen, über die Filets gießen und kalt stellen. Der Wildfond wird mit den zerhackten Hasenknochen angesetzt. In der Butter grob geschnittenen Speck, geviertelte, geschälte Zwiebeln und Knochen anbräunen. Mit 1 l Wasser aufgießen und Pfefferkörner, Salz und Wurzelwerk hinzufügen. Mindestens 1½ Stunden köcheln lassen (leise ziehen) und anschließend durch ein Sieb seihen, abschmecken und abkühlen lassen.

Nun die Fleischfüllung bereiten: Dazu alte Brötchen in warmem Wasser oder Milch einweichen, gut ausdrücken und mit grob geschnittenem Wildfleisch, Speck und geschnittener Leber durch den Fleischwolf drehen. Am besten den Vorgang 1- bis 2-mal wiederholen, da die Masse sehr fein sein sollte. Farce gut abrühren, würzen und Wildessenz unterrühren. In Rotweinbeize eingelegte Filets herausnehmen, abtropfen lassen, abtrocknen und in etwas Butter rasch von allen Seiten anbraten und beiseitelegen. Eine Pastetenform mit rohen Speckscheiben so auslegen, dass sie an der Form überlappen und am Schluss die fertige Pastete abdecken. Nun die Farce halb einfüllen, gebratene Fleischstücke ordentlich einsetzen und darauf die übrige Fleischfüllung verteilen, glatt streichen und mit Speck abschließen. Die Pastete in ein Wasserbad setzen und im vorgeheizten Ofen bei 210 Grad 1½ Stunden garen. Fertige Hasenpastete aus dem Wasserbad nehmen, abschütten (überschüssiges Fett), kalte Madeirasülze darübergießen und im Kühlschrank fest werden lassen. Es empfiehlt sich, die Pastete 1 Tag ruhen zu lassen. Anschließend in 1–2 cm dicke Scheiben schneiden.

Hühnerfrikassee

ZUTATEN

2 Hähnchen mit Innereien, 1 Zwiebel, Wurzelwerk, Salz, Saft und Schale von 1 unbehandelten Zitrone, Pfeffer, 50 g Mehl, 50 g Butter, 1 Glas Weißwein, 1 Prise geriebene Muskatnuss, 1 Prise Basilikum und Thymian, 1 EL Kapern, 100 ml Sahne

ZUBEREITUNG

Hähnchen roh entbeinen und Knochen zusammen mit Innereien, geschälter, geviertelter Zwiebel und grob geschnittenem Wurzelwerk in Salzwasser unter Zusatz der Zitronenschale 45 Minuten kochen. Anschließend die Brühe durchseihen und an der Oberfläche entfetten. Entbeintes, gesalzenes und gepfeffertes Hühnerfleisch rundherum in Mehl wenden, in Butter von allen Seiten anbraten, mit Weißwein ablöschen und mit Brühe auffüllen. Die Garzeit beträgt 1 ½ Stunden. Hühnerfleisch aus der Soße nehmen und in einer Schüssel anrichten. Soße mit Salz, Pfeffer und den anderen Gewürzen abschmecken, Kapern hinzufügen und mit Sahne verfeinern; über das Fleisch gießen und mit Reis oder Knödeln servieren.

OMAS RAT

Gegen zähes Fleisch hilft Fleischzartmacher. Wird das Huhn in einer Soße zubereitet, eine Prise Küchennatron in die Flüssigkeit geben. Beim Braten oder Grillen das Geflügel vorher außen mit Zitronensaft einreiben. Frisches Geflügel erkennt man daran, dass die Beine biegsam sind und die Brust weich, vollfleischig und hell ist. Tiefgekühltes Geflügel nach dem Auftauen sofort zubereiten, denn so schließen Sie eine Verunreinigung durch Salmonellen aus.

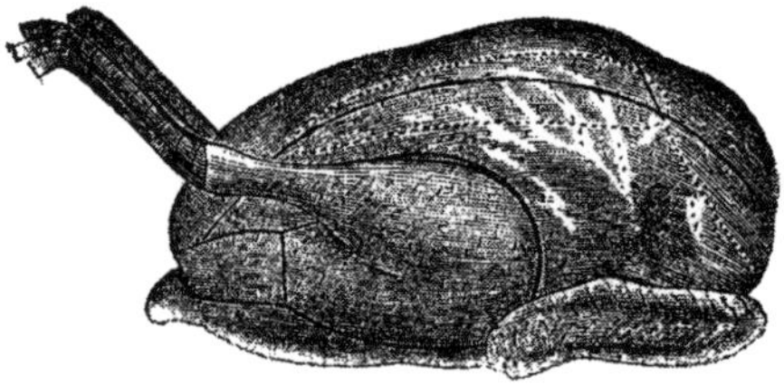

Kaninchenragout

Zutaten

800–1000 g Kaninchenfleisch, 100 g Butter, Pfeffer, Salz, 1 Zwiebel, 50 g Mehl, 1 TL Currypulver, ¼ l Brühe, 1 Schuss Sahne nach Belieben

Zubereitung

Vorbereitetes Fleisch (am besten im Fachgeschäft kaufen) in 3–4 cm große Würfel schneiden. In 50 g Butter, gewürzt mit Pfeffer und Salz, anbraten, gares Fleisch beiseitestellen. Zwiebel schälen, würfeln, in restlicher Butter glasig dünsten, mit Mehl und Curry bestäuben, kurz durchrösten und mit Brühe auffüllen. Knappe 20 Minuten durchkochen lassen. Anschließend das Fleisch in die Soße geben und nochmals 15 Minuten ziehen lassen. Abschmecken, evtl. mit etwas Sahne verfeinern und in einer tiefen Schüssel servieren.

Omas Rat

Dazu schmeckt körnig gekochter Reis, Feldsalat und ein trockener Weißwein.

Mecklenburger Gans

ZUTATEN (FÜR 8 PORTIONEN)

1 Gans, bratfertig (ca. 4 kg), Salz, Pfeffer, 200 g Backpflaumen, 150 g Rosinen, ⅛ l Apfelsaft, 8 mürbe Äpfel (z. B. Boskop), 3 Scheiben Pumpernickel, 1 Zitrone, Fett zum Braten, 1 TL Speisestärke

ZUBEREITUNG

Die Gans waschen, trocken tupfen. Innen und außen mit Salz und Pfeffer würzen. Für die Füllung Backpflaumen und Rosinen in Apfelsaft einweichen. 4 Äpfel waschen, schälen, vom Kerngehäuse befreien und in große Würfel schneiden. Pumpernickel zerbröckeln und mit dem Saft der Zitrone beträufeln. Alle Zutaten gut mischen, etwas durchziehen lassen und die Gans damit füllen. Die Öffnung zunähen oder mit Holzstäbchen zustecken. Gans mit der Brust nach unten in die Fettpfanne legen. Mit heißem Wasser übergießen und mit Alufolie abdecken. Im vorgeheizten Backofen bei Mittelhitze ca. 1 Stunde braten. Gans wenden, evtl. Wasser nachgießen und eine weitere Stunde abgedeckt braten. Ausgetretenes Bratfett abschöpfen. Gans 1 weitere Stunde offen braten, dabei öfters mit der Bratflüssigkeit begießen. Restliche Äpfel waschen, halbieren, Kerngehäuse entfernen und Äpfel zur Gans legen. Etwas Wasser mit ½ TL Salz mischen, die Haut der Gans damit immer wieder bestreichen und in ca. 15 Minuten knusprig braten. Gans herausnehmen, 10 Minuten ruhen lassen, dann tranchieren. Füllung auf den geschmorten Äpfeln anrichten. Für die Soße ½ l Bratflüssigkeit abmessen, evtl. das Fett abschöpfen. Speisestärke einrühren, aufkochen und 1 Minute kochen, mit Salz und Pfeffer abschmecken. Soße zur Gans reichen.

Rehrücken nach süddeutscher Art

ZUTATEN (FÜR 6 PORTIONEN)

1 ½ kg Rehrücken (küchenfertig), Salz, weißer Pfeffer, 40 g Butterschmalz, ⅛ l Weißwein, 2 Möhren, 1 kleine Petersilienwurzel, 1 mittelgroße Zwiebel, 200 g Johannisbeergelee, 1 gehäufter TL Senfpulver, 1 Msp. Cayennepfeffer, etwas gemahlener Ingwer, 1 Becher Crème fraîche, etwas Orangensaft

ZUBEREITUNG

Rehrücken trocken tupfen. Mit Salz und Pfeffer würzen. Butterschmalz erhitzen und Fleisch darin rundherum anbraten. Bräter auf der mittleren Schiene in den vorgeheizten Backofen stellen und bei 200 Grad 50–60 Minuten braten. Weißwein und ⅛ l Wasser vermischen und während der Bratzeit angießen. Gemüse putzen und klein schneiden, Zwiebel schälen und grob schneiden und alles zum Fleisch geben. Bräter herausnehmen und Fleisch warm stellen. Bratenfond mit wenig heißem Wasser loskochen. Alles im Mixer pürieren und in einen Topf geben. Johannisbeergelee und Gewürze zufügen. Aufkochen und Crème fraîche einrühren. Mit Orangensaft abschmecken. Fleisch von den Knochen lösen, in Scheiben schneiden und auf einer vorgewärmten Platte anrichten. Die Soße separat servieren.

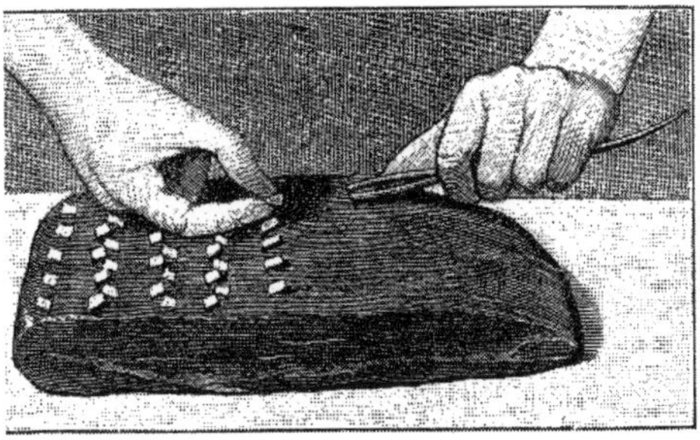

Wachteln mit Kohl

ZUTATEN

8 küchenfertige Wachteln (je 85 g), Salz, weißer Pfeffer, 1 großes Bd. Petersilie, 150 g durchwachsener Speck, in dünnen Scheiben geschnitten, 20 g Butterschmalz; für den Wirsingkohl: 800 g Wirsingkohl, 30 g Butterschmalz, Salz, frisch gemahlener schwarzer Pfeffer, 1 Prise geriebene Muskatnuss, ¼ l heiße Fleischbrühe; außerdem: 3 EL Sahne

ZUBEREITUNG

Wachteln trocken tupfen und innen mit Salz und Pfeffer würzen; die Petersilie im Ganzen hineinstopfen. Außen jeweils mit Speckscheiben umwickeln und leicht pfeffern. Butterschmalz in einem Bräter erhitzen und Wachteln darin rundherum anbraten. Dann zugedeckt in 10 Minuten fertig braten. Wirsingkohl putzen, Strunk entfernen und Kohlteile in breite Streifen schneiden. Butterschmalz in einem Topf erhitzen und Kohlstreifen darin unter Wenden andünsten. Mit Salz, Pfeffer und Muskat bestreuen. Die Fleischbrühe zugießen und den Wirsingkohl noch 15–20 Minuten zugedeckt bei kleiner Hitze ziehen lassen. Er soll noch etwas knackig sein. Schmorfond der Wachteln mit etwas Wasser und Sahne loskochen. Wirsingkohl auf einer vorgeheizten Platte anrichten, Wachteln darauf setzen. Die Soße separat servieren.

Wildschweinkeule mit Äpfeln

ZUTATEN

1½ kg bratfertige Wildschweinkeule, 1 l Rotwein, 6 weiße Pfefferkörner, 2 Lorbeerblätter, 1 TL getrockneter Thymian, 4 Gewürznelken, Salz, grob gemahlener schwarzer Pfeffer, ½ TL Estragon, 4 EL Öl, 4 mittelgroße Zwiebeln, 1 Petersilienwurzel, 1 kleines Stück Sellerieknolle, 2 Möhren, 1 Tomate, 1 gehäufter TL gekörnte Brühe, 2 EL Paniermehl, 50 g Butter, 3 Äpfel (Boskop), 125 g saure Sahne, Mehl

ZUBEREITUNG

Wildschweinkeule abspülen und in einen hohen Topf legen. Mit Rotwein begießen. Pfefferkörner, Lorbeerblätter, Thymian und Gewürznelken zugeben. Das Fleisch 2–3 Tage zugedeckt in der Beize liegen lassen. Dann herausnehmen und trocken tupfen. Mit Salz, Pfeffer und Estragon einreiben. Öl in einem Bräter erhitzen und Fleisch rundherum anbraten. Den Bräter bei 200 Grad in den vorgeheizten Backofen schieben und 2 Stunden braten. In der Zwischenzeit Zwiebeln, Petersilienwurzel, Sellerie und Möhren schälen, waschen und in kleine Würfel schneiden. Tomate häuten und in Stücke schneiden. Nach 30 Minuten Bratzeit Gemüse zum Fleisch geben und mitbraten. Gekörnte Brühe darüberstreuen. Mit ½ l Rotweinbeize begießen. Zwischendurch immer mit dem heißen Rotwein-Fleischsud begießen. Fleisch herausnehmen und warm stellen. Bratensatz mit etwas Wasser loskochen und durch ein Sieb gießen. Fleisch wieder in den Bräter geben. Mit Paniermehl bestreuen und mit flüssiger Butter beträufeln. Wiederum im heißen Backofen noch 15 Minuten braten, evtl. mit Oberhitze, bis die Kruste knusprig ist. Äpfel schälen, Kerngehäuse entfernen und die Äpfel würfeln. In die Soße geben und noch 5 Minuten darin garen. Saure Sahne mit etwas Mehl verrühren und Soße damit binden. Aufkochen und abschmecken. Die Soße separat zum Fleisch servieren.

OMAS RAT

Hierzu können Sie auch zusätzlich 2–4 kleine Äpfel im Ganzen schmoren. Dazu die Äpfel vom Kerngehäuse befreien und im Bratenfond zugedeckt oder im Backofen wie Bratäpfel bereiten. Evtl. mit Preiselbeeren füllen.

Wildenten mit Sellerie

ZUTATEN

2 küchenfertige Wildenten (je 600 g), Salz, weißer Pfeffer, gerebelter Majoran, einige frische Sellerieblätter, 150 g fetter Speck, in dünne Scheiben geschnitten, 30 g Butterschmalz, 50 g Butter, 5 EL Mehl, ¼ l trockener Weißwein, 4 EL saure Sahne, 2 Eigelb, 50 g durchwachsener Speck, 2 gewürfelte Zwiebeln, 250 g Pfifferlinge

ZUBEREITUNG

Enten abspülen und trocken tupfen. Mit Salz, Pfeffer und Majoran innen würzen. Sellerieblätter in die Bauchöffnung geben und mit Holzspießchen zustecken. Mit Speckscheiben umwickeln und mit Küchengarn festbinden. Butterschmalz in einem Bräter erhitzen und Enten rundherum anbraten. Mit ¼ l heißem Wasser auffüllen und zugedeckt 50 Minuten schmoren lassen. Butter in einem kleinen Topf erhitzen. Mehl darin hellgelb werden lassen und mit Wein ablöschen. Saure Sahne und Eigelb verrühren und den Fond damit binden. In einer Pfanne gewürfelten Speck auslassen und Zwiebelwürfel glasig braten. Pilze dazugeben, weich schmoren und in die Soße geben. Die Enten vierteln. Die Soße dazu reichen.

OMAS RAT

Pilze immer unter fließendem kalten Wasser waschen. So saugen sie sich nicht mit Wasser voll.

Wildschweinrouladen mit Pflaumen

ZUTATEN

400 g Backpflaumen (Kurpflaumen aus dem Reformhaus), ¼ l Portwein, 4 Scheiben Wildschweinfleisch (aus der Keule oder Schulter, je 150 g), Salz, weißer Pfeffer, Salbei, Butterschmalz zum Braten, ⅛ l Sahne, 1 ½ EL Mehl

ZUBEREITUNG

Backpflaumen über Nacht in Portwein einlegen. Fleischscheiben mit Gewürzen bestreuen und ¾ der gequollenen, entsteinten Backpflaumen darin einwickeln. Rouladen mit Holzspießchen oder Rouladenklammern zusammenhalten. In heißem Butterschmalz rundherum anbraten und mit ¼ l heißem Wasser aufgießen. Zugedeckt etwa 1 Stunde garen. Restliche Pflaumen und Portwein 10 Minuten vor Ende der Garzeit zugeben. Sahne und Mehl verrühren und Fond damit binden.

OMAS RAT

Wildgerichte werden i. d. R. zarter und die Soße würziger, wenn man bei der Zubereitung des Wildbrets ein wenig guten Sherryessig verwendet. Ein paar Spritzer genügen aber völlig, unbedingt sparsam anwenden.

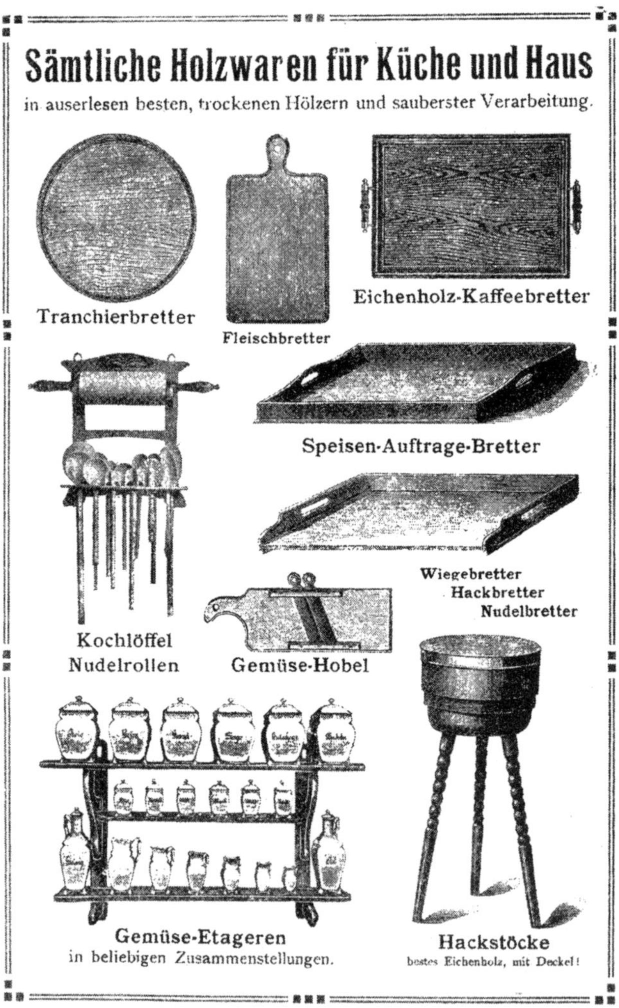
Sämtliche Holzwaren für Küche und Haus
in auserlesen besten, trockenen Hölzern und saubersten Verarbeitung.
Tranchierbretter
Fleischbretter
Eichenholz-Kaffeebretter
Speisen-Auftrage-Bretter
Kochlöffel
Nudelrollen
Wiegebretter
Hackbretter
Nudelbretter
Gemüse-Hobel
Gemüse-Etageren
in beliebigen Zusammenstellungen.
Hackstöcke
bestes Eichenholz, mit Deckel!

Fisch und Meeresfrüchte

Aal, in Salbei geröstet

ZUTATEN
1 kg Aal, Zitronensaft, Salz, Pfeffer, 50 g Mehl, 50 g Paniermehl, 2 kleine Bd. Salbei, 200 g Butter

ZUBEREITUNG
Frischen Aal ausnehmen, abziehen, gut abwaschen und in kleine Stücke schneiden. Mit Zitronensaft, Salz und Pfeffer marinieren und zuerst in Mehl und dann in Paniermehl wälzen. Jedes Stück zusammen mit einigen Salbeiblättern auf ein Holzspießchen stecken. Butter in einer Bratpfanne heiß werden lassen, Fischspießchen hineinlegen und unter häufigem Begießen rösten. Dann die Spieße auf 4 Tellern anrichten und sofort servieren.

OMAS RAT
Aal mit reichlich Petersilie und Zitrone garnieren. Als Beilage grüne Erbsen oder Rotkraut servieren.

Fischauflauf vom Schellfisch

ZUTATEN

800–1000 g gekochter Schellfisch, 100 g geräucherter durchwachsener Speck, 50 g Sardellen, 2 altbackene Brötchen, ½ Tasse Milch, 2 Eier, getrennt, 100 g Butter, 1 EL geriebener Parmesan

ZUBEREITUNG

Schellfisch häuten, entgräten, nochmals säubern und in kleine, mundgerechte Stücke schneiden. Anschließend den Speck fein wiegen oder klein würfeln, Sardellen entgräten und auch fein schneiden. Altbackene Brötchen in warmer Milch einweichen, gut ausdrücken und klein zupfen. Backofen auf 180 Grad vorheizen. Eier trennen. Vorbereitete Zutaten mit 2 Eigelb und den Schellfischstückchen vermengen. Zuletzt steif geschlagenes Eiweiß unterziehen und die Fischmasse in eine ausgebutterte feuerfeste Auflaufform füllen. Mit Parmesan bestreuen und den Rest der Butter in Flöckchen über dem Auflauf verteilen. Im vorgeheizten Ofen 30–40 Minuten backen. Dann in Portionsstücke teilen und noch warm servieren.

Fischrouladen

ZUTATEN

Für den Teig: 250 g Mehl, Salz, ½ l Milch, 3 Eier, 120 g Butter, 500 g gekochte oder gebratene Fischfleischreste, 4 Eier, 1 EL gehackte Petersilie, 1 Schalotte, Salz, Pfeffer, geriebene Muskatnuss, Zitronensaft, Paniermehl, Butterschmalz

ZUBEREITUNG

Mehl in eine Schüssel sieben und salzen. Milch und 3 Eier von der Mitte aus in eine geformte Mehlgrube nach und nach einrühren. Der Teig soll dicklich vom Löffel laufen. Etwa 100 g Butter in einer Pfanne erhitzen und jeweils eine dünne Teiglage hineingeben, beidseitig goldgelb ausbacken und zum Auskühlen auf eine Platte legen. Entgrätete, fein gehackte Fischreste mit Eiern, Petersilie, in der restlichen Butter gedünsteter, fein gehackter Schalotte und Gewürzen gut verrühren. Abgeschmeckte Fischmasse auf die dünn gebackenen Eierkuchen streichen und diese zusammenrollen. Rollen in 3–4 cm breite Stücke schneiden und durch die verquirlten Eier ziehen, in Paniermehl wenden und gut abklopfen. In Butterschmalz schwimmend ausbacken. Die Fischrouladen auf 4 Tellern anrichten und sofort servieren.

Omas Rat

Mit verschiedenen Gemüsen servieren. Zu Omas Zeiten wurde grüner Kohl, Schwarzwurzeln oder Rahmspinat dazu serviert. Selbstverständlich kann dieses Gericht auch mit frischem Fisch gemacht werden, z. B. mit Scholle.

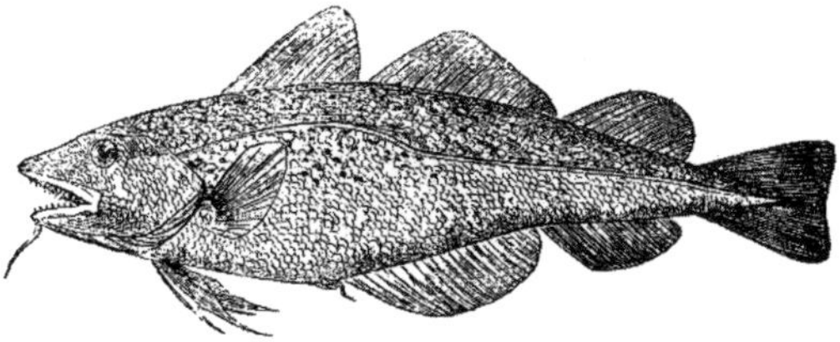

Fischspeise vom Kabeljau

Zutaten

1 kg frisch gekochter Kabeljau, 50 g Butter, 60 g Mehl, 1 Tasse Milch, 1 Tasse Fischsud, Salz, Pfeffer, etwas Zitronensaft, 1 Prise geriebene Muskatnuss, 3 Eier, getrennt, Paniermehl und Butter für die Form

Zubereitung

Kabeljau häuten, entgräten und in Würfel oder feine Scheiben schneiden. Butter heiß werden lassen, mit Mehl stäuben, hell rösten, mit Milch ablöschen und mit Fischsud aufgießen. Fischfleisch untermengen, mit Gewürzen gut abschmecken und vom Ofen nehmen. Abgekühlte Masse mit Eigelb verrühren und zuletzt geschlagenen Eischnee unterziehen. Fischmasse in die vorbereitete Form geben (zuerst mit Butter ausstreichen und dann Paniermehl einstreuen) und 30 Minuten bei mittlerer Hitze im Backofen ziehen lassen.

Gebackene Flundern

ZUTATEN
1 kg Flunder, Zitronensaft, Salz, Mehl, 2 Eier, Paniermehl, Fett zum Backen, Zitronenviertel

ZUBEREITUNG
Fisch säubern, mit Zitronensaft beträufeln und salzen. Dann in Mehl, Eiern und Paniermehl der Reihe nach wenden. In reichlich Fett schwimmend ausbacken und mit Zitronenvierteln garniert servieren.

OMAS RAT
Als Beilagen eignen sich Kartoffelsalat oder frischer Salat und als Soße Kapern- oder Zitronensoße.

Gebackene Muscheln

ZUTATEN

2 kg frische Muscheln mit Schale, Salz, 2 Zwiebeln; für den Teig: 200 g Mehl, 1 Prise Salz, ¼ l Weißwein, 2 Eier, getrennt, 2 TL Öl, Fett zum Backen

ZUBEREITUNG

Sauber geputzte Muscheln in Salzwasser zusammen mit den in Streifen geschnittenen Zwiebeln kochen, bis sich alle Schalen geöffnet haben (geschlossene Muscheln gleich wegwerfen). Muscheln von den Schalen befreien und beiseitestellen. Gesiebtes Mehl mit Salz mischen und mit Weißwein zu einem dickflüssigen Teig rühren. Eigelb und Öl unterrühren und zuletzt steif geschlagenes Eiweiß unterheben. Fett erhitzen, Muscheln durch den Backteig ziehen und im Fett einige Minuten ausbacken.

OMAS RAT

Wenn die Zwiebeln beim Kochen schwarz werden, so sind die Muscheln schlecht und müssen gleich weggeworfen werden. Gebackene Muscheln mit Zitronenschnitzen garnieren und Remouladensoße und Weißbrot dazu reichen.

Hecht in Béchamelsoße

ZUTATEN

40 g Mehl, 100 g Butter, 100 g magerer gekochter Schinken, 3/8 l Brühe, ¼ l Milch, Salz, Pfeffer, geriebene Muskatnuss, 1 kg Hecht, Zitronensaft, 2 Eigelb, 60 g geriebener Parmesan

ZUBEREITUNG

Mehl in etwa 40 g zerlassener Butter hellgelb rösten, fein gewürfelten Schinken zufügen, kurz andünsten, mit ¼ l Brühe ablöschen, mit Milch aufgießen und mit Salz, Pfeffer und Muskat würzen. Bei schwacher Hitze und mehrmaligem Umrühren knappe 10 Minuten kochen. Fisch säubern, von Haut und Gräten lösen und in 1–2 cm dicke Scheiben schneiden. Salzen, mit Zitronensaft säuern und in der übrigen zerlassenen Butter anbraten. Mit restlicher Brühe auffüllen und gar dämpfen. Fertig gegarte Fischstücke in einer Auflaufform anrichten. Fischfond mit Béchamelsoße vermischen, kurz einkochen und mit 2 Eigelb binden. Soße über den Fisch gießen, mit Käse bestreuen und anschließend im vorgeheizten Ofen bei 200 Grad kurz überbacken.

Karpfen in Bier

ZUTATEN

1 kg Karpfen, Zitronensaft, Salz, Wurzelwerk, 1 Zwiebel, 2 Lorbeerblätter, 8 Pfefferkörner, einige Wacholderbeeren, 1 Prise Zucker, 2 Scheiben Zitrone; für die Soße: 40 g Butter, 1 TL Zucker, 40 g Mehl, 200 ml Bier

ZUBEREITUNG

Karpfen vorbereiten, säubern, mit Zitronensaft säuern und salzen. In Portionsstücke schneiden und dabei den Kopf nur für den Sud verwenden. Die restlichen zerkleinerten Zutaten, außer für die Soße, mit reichlich Wasser aufkochen, Fischstücke in den kochenden Sud geben und 15 Minuten ziehen lassen. Inzwischen eine Zuckereinbrenne herstellen: Butter in einem Topf schmelzen, darin den Zucker auflösen und mit Mehl bestäuben. Dunkle Einbrenne mit etwa 200 ml Fischsud ablöschen, mit Bier aufgießen und etwa 10 Minuten köcheln lassen. Karpfen aus dem Sud nehmen, abtropfen lassen, in die Biersoße einlegen, noch 5 Minuten ziehen lassen und nochmals abschmecken.

OMAS RAT

Mit gekochten Knödeln oder Petersilienkartoffeln und grünem Salat servieren.

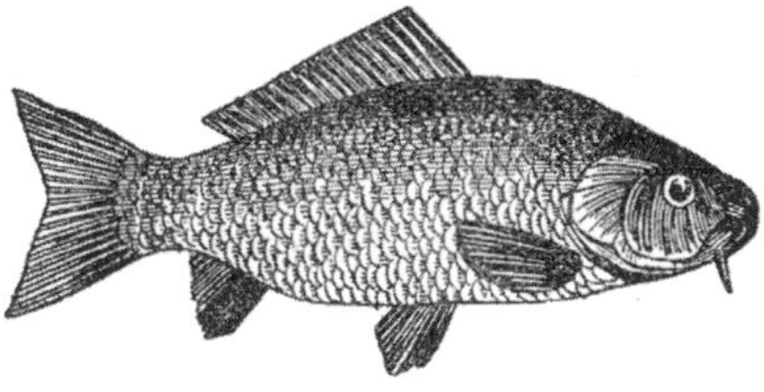

Klöße von Fischresten

ZUTATEN

500 g Fischreste, 50 g Butter, ¼ l Sahne, Salz, Pfeffer, Paprikapulver, 40 g fein gehackte Zwiebeln, 1 Ei, 40 g Paniermehl, etwas Zitronensaft

ZUBEREITUNG

Fischfleisch (gekocht oder roh) sehr fein wiegen und mit schaumig gerührter Butter verrühren. Restliche Zutaten untermischen und mit Salz, Pfeffer und Paprikapulver gut abschmecken. Falls der Knödelteig noch etwas nass ist, die Menge des Paniermehls erhöhen. Kleine Klöße formen und in Salzwasser oder Brühe gar kochen.

OMAS RAT

Mit frischem Brot reichen. Dieses Rezept ist eines von vielen Restegerichten aus Großmutters Zeit.

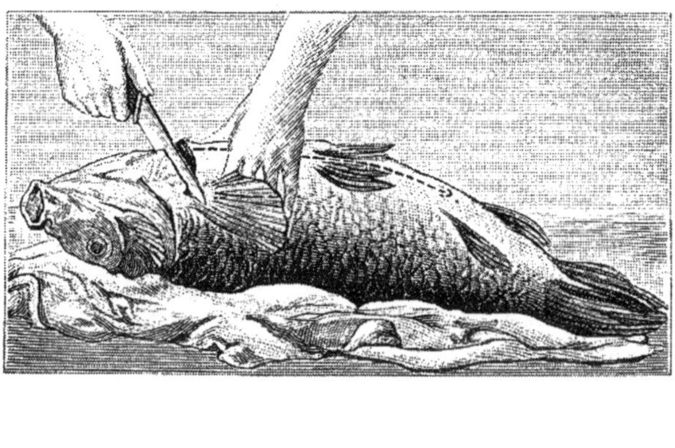

Krebsauflauf

Zutaten

15 Krebse, Salz, ½ l Sahne, 6 Eier, getrennt, geriebene Muskatnuss, Zitronensaft, 120 g gekochter Reis, 50 g Krebsbutter

Zubereitung

Krebse in Salzwasser gar kochen und aus dem Wasser nehmen. Fleisch aus den Schalen nehmen und in gleichmäßige Scheiben schneiden. Schalen zerstoßen oder zerbrechen und in Sahne auskochen, durchseihen und Soße kalt stellen. Ausgekühlte Krebssoße mit Eigelb abrühren, würzen und Fleisch und Reis untermengen. Zuletzt steif geschlagenes Eiweiß unterziehen. Eine feuerfeste Form mit Krebsbutter ausstreichen und die Fischmasse einfüllen. Bei 180–200 Grad im Ofen 45 Minuten backen. Sofort servieren.

Omas Rat

Dazu schmecken frische Salate und ein Glas Weißwein.

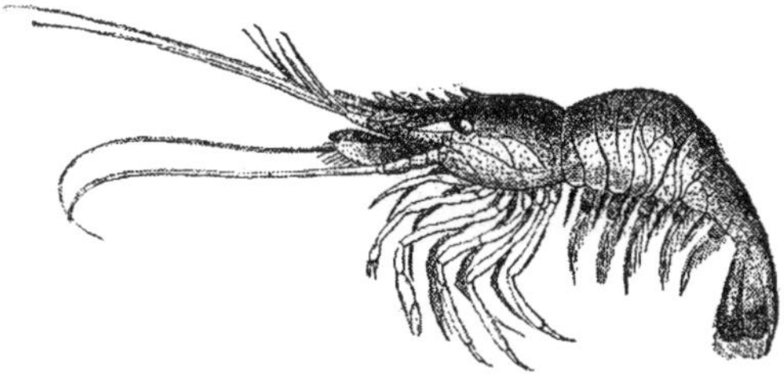

Krebse nach Berliner Art

ZUTATEN

200 g gemischtes Gemüse (Möhren, Sellerie, Lauch), 200 g Butter, 200 ml trockener Weißwein, 25 lebende Krebse, ¾ l Brühe, 100 ml Weinbrand, Pfeffer, Salz, gehackter Dill

ZUBEREITUNG

Gemüse waschen, schälen und in gleichmäßige kleine Würfel schneiden. In einem Topf die Hälfte der Butter erhitzen und das Gemüse darin bei mittlerer Hitze knapp 10 Minuten dünsten. Mit Weißwein ablöschen. Geputzte Krebse in kochendes Wasser legen (zulässige Art, sie schnell zu töten) und schnell herausnehmen. Krebse zum Gemüse geben und mit Brühe auffüllen. Bei geschlossenem Topf 10 Minuten köcheln. Zum Servieren die Krebse in eine große, vorgewärmte Schüssel oder einen Suppentopf legen. Brühe mit Weinbrand und Gewürzen abschmecken und mit der restlichen Butter verrühren. Abgeschmeckten Fischfond mit den Gemüsen über die Krebse schütten.

OMAS RAT

Die Garzeiten von Gemüse verringern sich, wenn man es in einem flachen Topf kocht.
Gemüse enthält viel wasserlösliches Vitamin C. Um Verluste zu vermeiden, das Gemüse immer unter fließendem kaltem Wasser waschen und nie im Wasser liegen lassen.

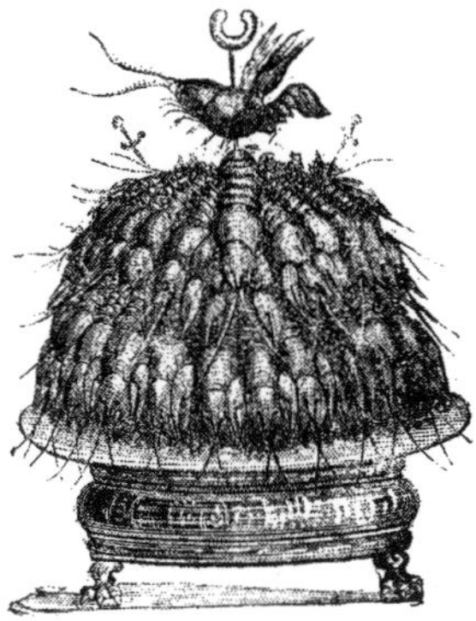

Pikant angemachte Heringe

ZUTATEN

4 kleine Zwiebeln, 4 Äpfel, 10 Heringsfilets, ⅛ l saure Sahne, ⅛ l süße Sahne, 100 g Joghurt, etwas Zitronensaft, Salz, Pfeffer, geriebene Muskatnuss, 300 g Krevetten

ZUBEREITUNG

Zwiebeln und Äpfel schälen und in feine Scheiben schneiden. Fischfilet gut säubern, abtrocknen und mit den anderen Zutaten gut vermischen und abschmecken.

OMAS RAT

Als Beilage Salzkartoffeln oder frisches Brot reichen.

Überbackener Dorsch

ZUTATEN

1 kg Dorsch, Salz, 200 g Butter, 300 g gekochte Kartoffeln in Scheiben, Pfeffer, 2 klein gehackte Zwiebeln, 100 g geriebenes altbackenes Weißbrot, 400 ml Sahne

ZUBEREITUNG

Vorbereiteten Fisch in Salzwasser gar kochen, erkalten lassen und von den Gräten befreien. Eine ausgebutterte Auflaufform am Boden mit einer Schicht frisch gekochter Kartoffeln belegen, mit Salz und Pfeffer würzen und mit Zwiebelwürfeln bestreuen. Als nächste Einlage kommt der Dorsch, in Stückchen geschnitten, darauf, mit geriebenem Weißbrot abschließen. Butter immer wieder in Flöckchen zwischen die Schichten einlegen. Sahne darübergießen. Im Ofen bei Mittelhitze 30 Minuten backen.

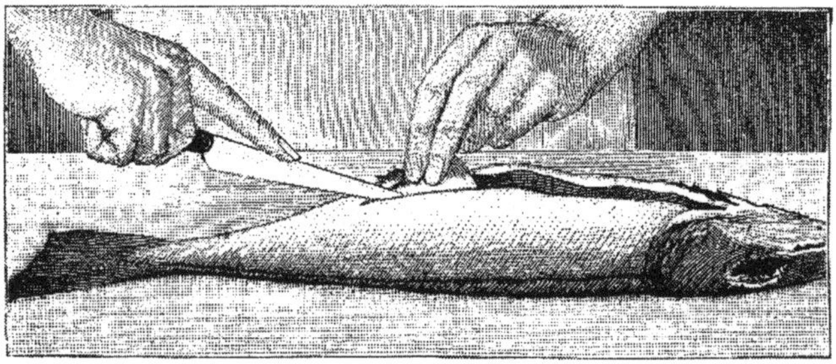

Zander nach badischer Art

ZUTATEN

800 g Zanderfilet, Zitronensaft, Salz, 2 Schalotten, 150 g Butter, 50 g gehackte Petersilie, ½ l saure Sahne, 100 g geriebener Käse, 100 g geriebenes Weißbrot

ZUBEREITUNG

Vorbereitete, gewaschene Fischfilets in 4 gleich schwere Stücke schneiden. Mit Zitronensaft säuern und salzen. Schalotten schälen, fein hacken und damit eine feuerfeste, ausgebutterte Form bestreuen. Dann Fisch einlegen und Petersilie darüber streuen. Mit Sahne übergießen, mit Käse und Weißbrot bestreuen und den Rest Butter in Flöckchen auflegen. Bei guter Mittelhitze im vorgeheizten Ofen 15 Minuten garen.

OMAS RAT

Salzkartoffeln eignen sich dazu am besten. Dieses Regionalgericht kann auch etwas abgewandelt werden. In Omas Kochbüchern wurde statt normaler Butter Krebsbutter oder Sardellenbutter verwandt. Dazu gab es Sauerkraut, grüne Erbsen oder Möhrengemüse.

Omas Resteverwertung

Arme Ritter

ZUTATEN

6 Brötchen (vom Vortag), 3 Eier, 200 ml Milch, 3 EL Zucker, 2 Päckchen Vanillinzucker, 250 g Fett zum Ausbacken, Puderzucker zum Bestäuben

ZUBEREITUNG

Rinde der Brötchen abreiben, für andere Zwecke aufheben (z. B. als Paniermehl) und Brötchen waagerecht halbieren. Eier mit Milch, Zucker und 1 Päckchen Vanillinzucker mithilfe des Schneebesens gut verschlagen. Brötchen in der Eiermilch wenden und kurz darin ziehen lassen. Fett in einer tiefen Pfanne erhitzen und die Brötchenhälften darin schwimmend unter Wenden goldgelb ausbacken. Auf Küchenpapier abtropfen lassen. Die ausgebackenen Brötchenhälften vor dem Anrichten mit dem restlichen Vanillinzucker bestreuen, je 3 Hälften auf 1 Teller anrichten und mit Puderzucker bestäuben.

Bayerische Brotsuppe

ZUTATEN

200 g altes Bauernbrot, 1½ l Fleisch- oder Gemüsebrühe, Salz, 1 Zwiebel, 150 g Wammerl (durchwachsener Speck), 1 TL Butter, frische Petersilie

ZUBEREITUNG

Brot würfeln, in eine Suppenterrine geben und mit kochender Brühe übergießen, etwas salzen, nicht umrühren und zugedeckt ca. 15 Minuten ziehen lassen. Geschälte Zwiebel und Wammerl fein schneiden und in heißer Butter anrösten, Brotsuppe damit verfeinern. Kurz vor dem Servieren mit frischer, fein gehackter Petersilie garnieren.

Brezenknödel

ZUTATEN

150 g Laugenbrezen (ohne Salz), 100 ml Milch, 3 Eier, 1 Bd. Petersilie, 1 kleine Zwiebel, 50 g Butter, Salz, Pfeffer, geriebene Muskatnuss, Butter für die Alufolie

ZUBEREITUNG

Brezen in 1 cm große Würfel schneiden und mit der aufgekochten, leicht abgekühlten Milch und den Eiern vermischen. Petersilie hacken, Zwiebel schälen und würfeln, beides in 20 g Butter andünsten und zur Milch-Brezen-Mischung geben. Mit Salz, Pfeffer und Muskat abschmecken. Die Masse zu einer länglichen Rolle formen und in eine mit Butter eingestrichene Alufolie einwickeln. Die Enden fest zusammendrehen, damit die Rolle wasserdicht verschlossen ist. Die Knödelrolle in einem Topf mit leicht siedendem Wasser etwa 30 Minuten garen. Die Rolle abtropfen und kurz abkühlen lassen, dann in fingerdicke, schräge Scheiben schneiden. Die Brezenknödel werden in einer Pfanne in der restlichen Butter von beiden Seiten goldgelb und knusprig gebraten und zu Braten serviert.

OMAS RAT

Die Brezenknödel schmecken auch herrlich zu Pfifferlingen und Champignons in Rahmsoße, dann braucht man sie nicht in der Pfanne anzurösten.

Brotpudding

ZUTATEN

300 g Vollkornbrot, 200 ml Trauben- oder Apfelsaft, 80 g Butter, 100 g Zucker, 1 Päckchen Vanillinzucker, 5 Eier, getrennt, 50 g grob gemahlene Walnüsse oder Haselnüsse, 1 Prise Zimt, 1 Msp. Piment, Butter oder Margarine für die Form, Puderzucker zum Bestäuben

ZUBEREITUNG

Vollkornbrot fein reiben und über Nacht trocknen lassen. Am nächsten Tag mit erhitztem Trauben- oder Apfelsaft übergießen, gut durchziehen lassen. Inzwischen Butter mit Zucker, Vanillinzucker und Eigelb sehr schaumig rühren. Walnüsse oder Haselnüsse und das eingeweichte Brot dazugeben, alles sehr gründlich vermischen und mit Zimt und Piment abschmecken. Eiweiß zu steifem Schnee schlagen, nur ganz locker unter die Brotmasse ziehen. Eine fest verschließbare Puddingform gründlich mit Butter oder Margarine einfetten und zu $^{2}/_{3}$ füllen. Deckel befestigen und Form in ein heißes Wasserbad stellen. Im Backofen bei 150 Grad ca. 1 Stunde garen. Fertigen Pudding aus der Form stürzen und mit Puderzucker bestäuben.

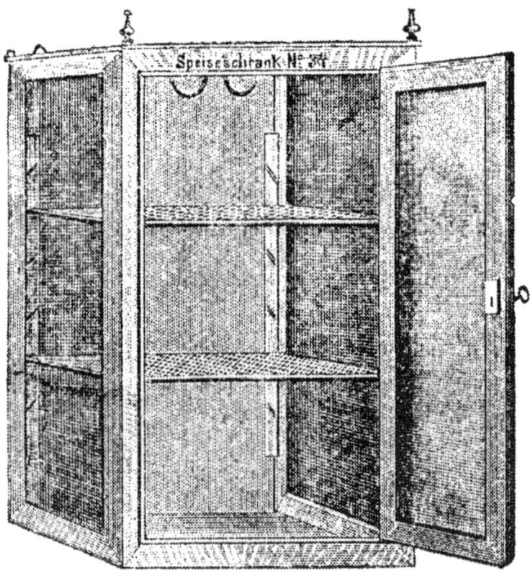

Brotsoße

ZUTATEN

3 Gewürznelken, 1 Zwiebel, ¼ l Milch, 1 Lorbeerblatt, 50 g Weißbrot (ohne Rinde), 15 g Butter, 2 EL Sahne, Salz, Pfeffer, geriebene Muskatnuss

ZUBEREITUNG

Gewürznelken in die geschälte Zwiebel stecken und mit der Milch und dem Lorbeerblatt in einen Topf geben. Mischung aufkochen lassen, vom Herd nehmen, das Brot zugeben, zudecken und 15–30 Minuten stehen lassen, damit sich die Aromen verbinden können. Zwiebel und Lorbeerblatt herausnehmen und die Mischung schlagen, bis das Brot zerfällt. Butter und Sahne zugeben, mit Salz, Pfeffer und Muskat abschmecken.

OMAS RAT

Eine kräftige winterliche Soße, die gut zu Gemüse wie Blumenkohl oder Zwiebeln passt, aber auch eine Fleischsoße ersetzen oder anreichern kann und mit Braten, Kartoffelbrei oder Klößen und Preiselbeeren serviert wird.

Karthäuser Klöße mit Weinschaum

ZUTATEN

6 altbackene Brötchen, ½ Tasse Milch, ½ Tasse Sahne, 4 Eier, 1 EL Zucker, 1 Tasse Paniermehl, Butter zum Ausbacken; für die Weinschaumsoße: 1 Ei, 3 Eigelb, 3 EL Zucker, ¼ l trockener Weißwein, Saft von ½ Zitrone

Zubereitung

Brötchen in 1 cm dicke Scheiben schneiden und in eine flache Schale mit der Milch-Sahne-Ei-Zucker-Mischung legen. Scheiben mehrmals umdrehen, anschließend im Paniermehl wenden und in einer Pfanne in der zerlassenen Butter ausbacken. Für die Soße Ei, Eigelb und Zucker über dem Wasserbad verrühren, nach und nach zimmerwarmen Wein und Zitronensaft zugeben und alles über dem Wasserbad schaumig aufschlagen. Sofort zu den ausgebackenen Brötchenscheiben servieren.

Omas Rat

Noch feiner werden die Klöße, wenn man das Paniermehl mit geraspelten Mandeln vermischt. Als Getränk passen Kaffee oder heiße Schokolade am besten, probieren Sie im Winter Glühwein dazu!

Knödelsalat

ZUTATEN

4–6 gekochte Semmelknödel oder 1 Brezenknödelrolle, 1 Schalotte, 2 EL Rotweinessig, Salz, Pfeffer, 4 EL Öl, 1 Bd. Schnittlauch, einige Radieschen

ZUBEREITUNG

Gegarte Knödel abkühlen lassen. Inzwischen die Schalotte schälen, in kleine Würfel schneiden, Essig, Salz und Pfeffer verquirlen und das Öl dazugießen. Schalottenwürfel und die Hälfte des fein geschnittenen Schnittlauchs untermischen. Knödel in dünne Scheiben schneiden und mit der Vinaigrette übergießen. Zum Servieren mit dem restlichen Schnittlauch und den fein geschnittenen Radieschen bestreuen.

Salamimesser.

Verzierungsmesser.

Ofenschlupfer

ZUTATEN

Fett für die Form, 8 Scheiben Vollkorntoast, ⅛ l Milch, 500 g Äpfel, 4 Eier, 100 g Zucker, 1 TL Zimt, 2 cl Rum, 150 g saure Sahne, 50 g Butter, Puderzucker zum Bestäuben

Zubereitung

Eine große, flache Auflaufform einfetten und mit den zurechtgeschnittenen Toastscheiben auslegen. Milch darüberträufeln und Brotverschnitt zerbröseln. Äpfel schälen, vierteln, Kernhaus entfernen, Apfel in Scheiben schneiden und in die Form füllen. Eier mit Zucker, Zimt, Rum und saurer Sahne verrühren und über den Äpfeln verteilen. Brösel darüberstreuen, Butterflöckchen daraufsetzen und den süßen Auflauf bei 200 Grad für 45 Minuten in den vorgeheizten Backofen schieben. Nach dem Backen einige Zeit ruhen lassen, dann in Portionsstücke schneiden und mit Puderzucker bestäubt warm servieren.

Omas Rat

Am besten eine Vanillesoße dazu servieren oder auch mit Zimtzucker und einem Kompott anrichten. Schmeckt übrigens auch kalt!

Pikanter Brotauflauf

ZUTATEN

6 Scheiben Toast- oder Weißbrot, 250 g in Scheiben geschnittener Emmentaler, Fett für die Form, 50 g Speckwürfel, 4 Eier, 60 g Mayonnaise, ½ l Milch

ZUBEREITUNG

Toastscheiben diagonal halbieren und mit dem Käse schuppenartig in eine gefettete, runde Auflauf- oder Quicheform einschichten. Speckwürfel darauf verteilen. Eier, Mayonnaise und Milch verquirlen, über das Brot gießen und das Ganze im Kühlschrank mindestens 1 Stunde durchziehen lassen. Auflauf im vorgeheizten Backofen bei 200 Grad 30 Minuten backen, bis die Masse aufgegangen und die Oberfläche knusprig und goldbraun ist. Vor dem Servieren noch 10 Minuten ruhen lassen, dann in Tortenstücke schneiden und als kleine Mahlzeit mit einem grünen Salat reichen.

OMAS RAT

Der Auflauf lässt sich beliebig variieren, indem man mildere oder würzige Käsesorten wählt oder auch kräftiges Bauernbrot verwendet.

Schwarzbrotsuppe mit Dunkelbier

ZUTATEN

500 g getrocknetes Schwarzbrot, ½ Zwiebel, 2 EL Butter, ¾ l Rinderbrühe, 1 EL Mehl, 1 Tasse dunkles Bier, ½ Tasse saure

Sahne, 2 Eier, Majoran, Pfeffer, Salz, 2 EL gehackter Schnittlauch nach Belieben

ZUBEREITUNG

Schwarzbrot fein reiben. Zwiebel klein schneiden und in der Butter glasig dünsten. Brot dazugeben und alles goldgelb anrösten. Mit Brühe aufgießen und alles gut verkochen. Mehl mit Bier anrühren und unter die heiße Suppe geben, saure Sahne unterrühren, die Eier verschlagen und langsam in die Suppe einlaufen lassen, sodass kleine Flocken entstehen. Mit den Gewürzen abschmecken und mit Schnittlauch bestreuen.

Semmelknödel

ZUTATEN

250 g Knödelbrot (altbackene Brötchen, in feine Scheiben geschnitten), 200 ml Milch, 30 g durchwachsener Speck, 20 g Butter, 1 Zwiebel, 3 Eier, 1 EL gehackte Petersilie, Salz, weißer Pfeffer, geriebene Muskatnuss

ZUBEREITUNG

Knödelbrot in eine Schüssel geben und mit der heißen Milch überbrühen, kurz vermengen und zugedeckt etwas ziehen lassen. Speck klein würfeln und mit der Butter in einer Pfanne auslassen, geschälte, fein geschnittene Zwiebel dazugeben, 5 Minuten dünsten und alles zur Knödelmasse geben. Eier mit Petersilie, Salz, Pfeffer und Muskat gut verschlagen, über die Semmelmasse geben und alles gut vermengen. Knödelmasse noch etwas ruhen lassen, dann mit feuchten Händen Knödel formen und diese ca. 20 Minuten im kochenden Salzwasser ziehen lassen.

OMAS RAT

Die bayerischen Semmelknödel lassen sich auf vielfältige Weise abwandeln. Für würzige Speckknödel z. B. nimmt man 100 g Bauchspeck und ersetzt die Semmeln durch kräftige Vollkornbrotreste; anstelle des Specks kommen in Käseknödel 100 g geriebener Emmentaler.

Verkochte Brotsuppe

ZUTATEN

200 g getrocknetes Bauernbrot, 1 Zwiebel, 2 EL zerkleinertes Wurzelgemüse, 30 g Butter, 4 EL saure Sahne, Schnittlauch oder Petersilie

ZUBEREITUNG

Bauernbrot in 1 ¼ l kaltem Wasser einweichen, anschließend in etwa 5 Minuten weich kochen und durchpassieren. Zwiebel schälen und hacken, mit Wurzelgemüse in der heißen Butter anrösten und zur Suppe geben. Alles 20–30 Minuten schwach kochen lassen, mit saurer Sahne verrühren und mit Schnittlauchröllchen oder fein gehackter Petersilie bestreuen.

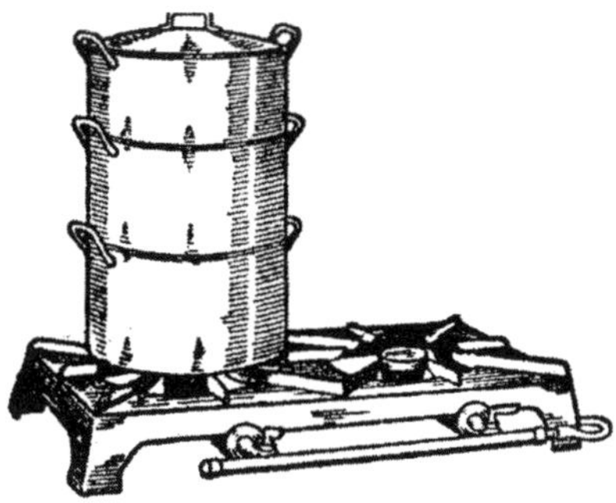

Westfälische Quarkspeise

ZUTATEN

500 g Speisequark, ⅛–¼ l Milch, 3 EL Zucker, 1 Päckchen Vanillinzucker, 100 g Pumpernickel, 4 EL Rum, 100 g Schokolade (halbbitter), 150 g Preiselbeerkompott, Schokoraspel zum Verzieren

ZUBEREITUNG

Quark in einer Schüssel mit so viel Milch verrühren, dass eine glatte, cremige Masse entsteht, mit 2 EL Zucker und Vanillinzucker süßen. Pumpernickel fein zerbröseln, restlichen Zucker und Rum daruntermischen und zugedeckt mindestens 20 Minuten durchziehen lassen. Schokolade raspeln und mit dem Pumpernickel vermischen. Das Dessert entweder in 4 breiten Portionsgläsern oder einer 1 Schüssel anrichten. Dazu lagenweise zuerst die Hälfte der Quarkmasse einfüllen, die Pumpernickelmasse und dann die Preiselbeeren darauf verteilen. Restliche Quarkcreme als letzte Schicht obenauf geben und glatt streichen, nach Belieben mit Schokoraspeln bestreuen.

OMAS RAT

Diese regionale Spezialität entwickelt ihren saftig-aromatischen Geschmack besonders gut, wenn man sie vor dem Servieren noch einige Stunden im Kühlschrank ziehen lässt.

Nachspeisen und selbst angesetzte Getränke

Apfelweingelee

ZUTATEN
15 Blatt Gelatine, 1 Flasche Apfelwein, 500 g Zucker, Saft und abgeriebene Schale von 1 unbehandelten Zitrone, 1 EL Arrak, Schlagsahne zum Garnieren

ZUBEREITUNG
Gelatine in reichlich kaltem Wasser auflösen und ausdrücken. Alle Zutaten in eine runde, hitzefeste Schüssel geben und über einem Wasserbad kräftig schlagen. Restrückstände der Gelatine sollen vollständig aufgelöst sein. Masse etwas auskühlen lassen und durch ein Haarsieb in Gläser oder Schalen füllen. 2–3 Stunden ins Eisfach stellen und später mit einem Klecks Schlagsahne servieren.

Bärenfang

ZUTATEN
350 g Honig, Schale von 1 unbehandelten Zitrone, 2 g Ingwer, 750 ml Doppelkorn

ZUBEREITUNG

Honig mit ⅛ l abgekochtem Wasser im heißen Wasserbad verrühren. Zitrone mit heißem Wasser gründlich waschen, dünn abschälen und Schale grob hacken. Zitronenschale mit Ingwer in eine Flasche geben, Korn darübergießen, gut verschließen und sehr kräftig durchschütteln. Für 8 Wochen an einem kühlen Ort ruhen lassen. Filtrieren, in Flaschen füllen und fest verschließen.

Berliner Luft

ZUTATEN

5 Blatt Gelatine, 120 g Puderzucker, 6 Eier, getrennt, Saft und abgeriebene Schale von 2 unbehandelten Zitronen, 1 EL Rum

ZUBEREITUNG

Gelatine in kaltem Wasser ca. 10 Minuten quellen lassen. Zucker mit Eigelb schaumig rühren, Zitronenschale und -saft hinzufügen. Nachdem die Gelatine gut aufgelöst ist, auch diese unterrühren. Mit Rum verfeinern. Masse im Kühlschrank kalt stellen und während dieser Zeit Eiweiß steif schlagen. Unter die gelierende Eigelbmasse heben und in Portionsschälchen füllen.

Bierlikör

Zutaten

1 l dunkles Bockbier, 450 g brauner Zucker, ½ Vanilleschote, 5 g Ingwerwurzel, 4 Gewürznelken, 1 l Rum-Verschnitt (54%)

Zubereitung

Bier mit Zucker unter Rühren so lange erhitzen, bis der Zucker ganz aufgelöst ist. Gewürze dazugeben und weitere 20 Minuten auf kleiner Flamme köcheln lassen. Abkühlen lassen, mit Rum-Verschnitt vermischen und in eine Flasche abfüllen. Fest verschlossen 3–4 Tage ziehen lassen, abfiltern und in schöne Flaschen füllen. Gut verschlossen weitere 8 Wochen reifen lassen.

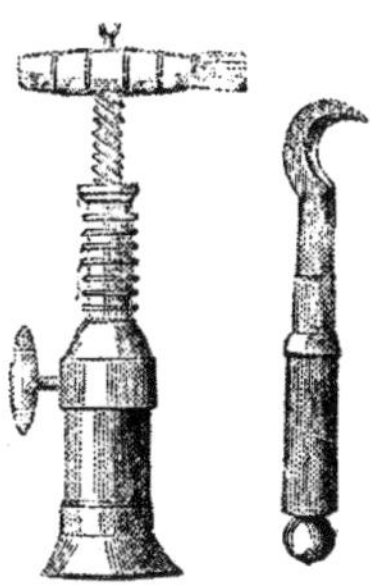

Danziger Goldwasser

Zutaten

15 g Wacholderbeeren, 15 g getrocknete Bitter-Orangen, 5 g Kardamom, 4 g Koriander, 1 Zimtstange, 1 TL Kümmel, ½ TL Sternanis, 5 Nelken, 1 l Wodka, 1 Blattgold

ZUBEREITUNG

Gewürze im Mörser grob zerstoßen und mit Wodka in eine Flasche geben. Fest verschlossen unter mehrmaligem Schütteln 4 Tage ziehen lassen. Abfiltern, in eine helle Flasche füllen, mit dem Blattgold versehen und fest verschließen.

OMAS RAT

Die Zutaten kann man sich in der Apotheke mischen lassen. Blattgold gibt es in Geschäften für Bastelbedarf. Da Blattgold nur eine optische Funktion hat, kann es auch weggelassen werden.

Dresdner Mehlspeise

ZUTATEN

¼ l Milch, 80 g Mehl, 100 g Butter, 1 Prise Salz, 3 Äpfel, 4 Eier, 80 g Zucker, abgeriebene Schale von ½ unbehandelten Zitrone, 50 g geriebene Makronen

ZUBEREITUNG

Aus Milch, Mehl, ⅓ der Butter und Salz unter ständigem Rühren einen Brei kochen und erkalten lassen. Äpfel waschen, schälen, vom Kernhaus befreien und in feine Würfel schneiden. 3 Eier trennen. Restliche Butter sehr schaumig rühren, nach und nach 80 g Zucker einrieseln lassen, Zitronenschale, 1 Ei und 3 Eigelb hinzufügen und gut unterrühren. Unter die Schaummasse Äpfel, Makronen und Brei mischen. Zuletzt steif geschlagenen Eischnee unterheben und das Ganze in eine ausgebutterte feuerfeste Form (Puddingform) füllen. Die Form in ein Wasserbad stellen und 1–1¼ Stunden köcheln lassen. Gegarten Pudding noch etwas abdampfen lassen und vorsichtig stürzen.

OMAS RAT

Mit warmem Weinschaum servieren. Echter Pudding wird bei uns oft verwechselt mit dem Flammeri, der heute oft fälschlicherweise bei uns Pudding heißt. Ein richtiger Pudding wird erst durch den Eischnee luftig gemacht und kommt als eine Art Schaum gestürzt auf den Tisch. Es ist also sehr wichtig, dass der Pudding im Wasserbad nur sanft gegart wird und nicht auf höchster Flamme steht. „Köcheln" bedeutet sanftes Garen.

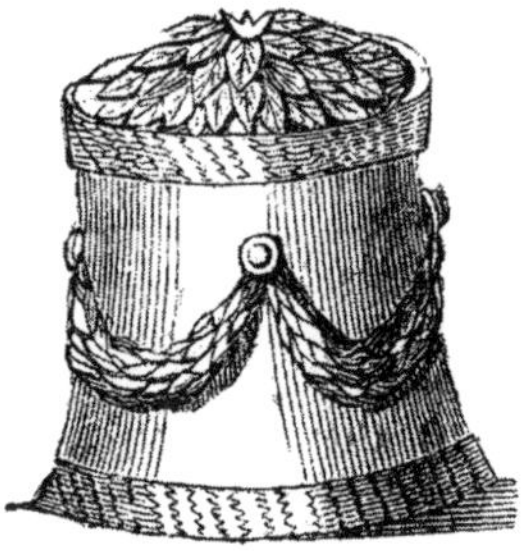

Ebereschenlikör

ZUTATEN

750 g Ebereschenbeeren, 1 l Wodka, 350 g brauner Zucker, 7 Gewürznelken, 1 Zimtstange, 400 g Zucker, 300 ml Weinbrand

ZUBEREITUNG

Die Ebereschenbeeren sollten erst nach dem ersten Frost gepflückt werden. Beeren sorgfältig verlesen, waschen und abtropfen lassen. Mit dem Pürierstab oder im Mixer grob zerkleinern und zusammen mit Wodka, braunem Zucker, Gewürznelken und Zimtstange in ein Glasgefäß geben. 3–4 Monate an einem warmen, sonnigen Ort ziehen lassen. Durch ein Tuch abseihen und den Rest mit der Hand abpressen. Aus Zucker und 400 ml Wasser einen dicken Sirup kochen, abkühlen lassen und mit dem Weinbrand zum Ansatz geben. Gut verschlossen weitere 4–6 Wochen reifen lassen. Durch einen Papierfilter laufen lassen, in schöne Flaschen abfüllen, fest verschließen und dunkel lagern.

OMAS RAT

Diesen Likör kann man zum Verfeinern von dunklen Soßen, v. a. für Wildgerichte, verwenden. Mit trockenem Weißwein gemischt, ergibt der Ebereschenlikör einen herben, winterlichen Aperitif. Nach einem üppigen Essen dient er auch als Digestif.

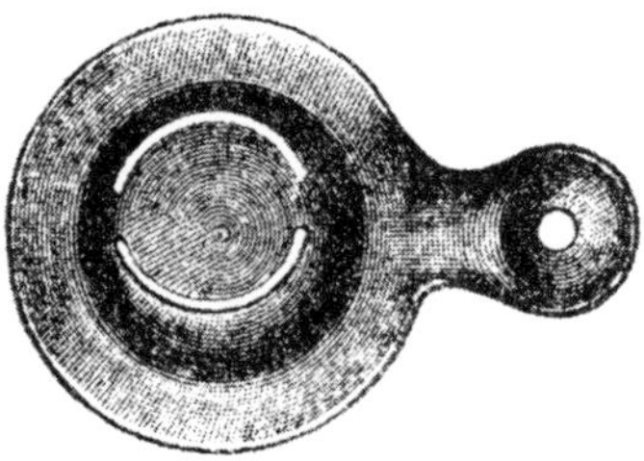

Eierlikör

ZUTATEN

½ l Vollmilch, ½ Vanilleschote, 270 g Zucker, 8 Eigelb, 70 ml Kirschwasser, 300 ml Rum-Verschnitt (54%)

ZUBEREITUNG

Milch mit ausgekratztem Vanillemark, aufgeschlitzter Vanilleschote und der Hälfte des Zuckers unter ständigem Rühren einmal aufkochen lassen. Eigelb im heißen Wasserbad sehr schaumig schlagen, restlichen Zucker nach und nach unterrühren und so lange schlagen, bis die Masse weißschaumig ist. Leicht abgekühlte Milch nach und nach unterrühren und die ganze Masse so lange schlagen, bis sie schön cremig ist. Durch ein sehr feines Haarsieb in einen hohen Topf gießen. Mit dem Handrührer auf höchster Stufe schlagen und nach und nach Kirschwasser und Rum in dünnem Strahl einfließen lassen. Den abgekühlten Likör in gut gereinigte Flaschen geben und fest verschließen. Im Kühlschrank aufbewahren und rasch verbrauchen.

OMAS RAT

Wenn die Hälfte der Milch durch Sahne ersetzt wird, wird der Likör noch vollmundiger und weicher im Geschmack.

Englischer Pudding

ZUTATEN

¼ l Milch, 45 g Butter, 65 g fein geriebene Schokolade, 65 g Mehl, 3 Eier, getrennt, 50 g Zucker, Fett für die Form

ZUBEREITUNG

Milch mit Butter aufkochen. Den Topf von der Platte ziehen. Schokolade und Mehl mit einem Ruck einschütten und glatt rühren. Den Topf wieder auf den Herd setzen. So lange weiterrühren, bis sich die Masse von Topf und Löffel löst. Schokoladenteig in eine Schüssel umfüllen und erkalten lassen. Eiweiß mit 2/3 des Zuckers zu steifem Schnee schlagen. Eigelb mit dem Rest des Zuckers schaumig schlagen, in die kalte Schokoladenmasse geben und 5 Minuten kräftig rühren. Steifen Eischnee unterziehen. Eine Puddingform ausbuttern und mit dem lockeren Schokoladenteig füllen. Die Puddingform verschließen und in ein kochendes Wasserbad stellen (muss fast bis zum Rand hochreichen). Die Garzeit beträgt bei mittlerer Hitze etwa 1 Stunde.

OMAS RAT

Warm oder kalt mit Vanillesoße oder Eierlikör und Schlagsahne servieren.

Erdbeeren mit Pfeffercreme

ZUTATEN

300 g reife Erdbeeren, 150 g Zucker, 4 Eigelb, 1 TL schwarzer Pfeffer, 2 cl Weinbrand, ¼ l Sahne, geröstete Mandelsplitter

ZUBEREITUNG

Erdbeeren waschen, putzen und halbieren, mit 3 EL Zucker bestreuen und 30 Minuten durchziehen lassen. In Portionsgläser füllen und gut durchkühlen lassen. Eigelb mit dem restlichen Zucker, Pfeffer und Weinbrand schaumig rühren, Sahne steif schlagen, unterziehen und die Creme über die Erdbeeren gießen. Mit Mandelsplittern bestreut servieren.

OMAS RAT

Für dieses Rezept möglichst frisch gemahlenen Pfeffer aus der Pfeffermühle verwenden.

Erste Liebe

ZUTATEN

7 Orangen (1 davon unbehandelt), 1 unbehandelte Zitrone, 100 g Würfelzucker, 50 g feiner Zucker, einige Eiswürfel, 4 Flaschen Moselwein, 1 Flasche Sekt oder Selterswasser

ZUBEREITUNG

Schale von 1 Orange und der Zitrone mit Würfelzucker abreiben und diesen in ⅛ l Wasser schmelzen lassen. Inzwischen Orangen schälen, sorgfältig das Weiße entfernen und Orangen in feine Scheiben schneiden. Orangenscheiben, bedeckt mit Zucker und Saft der Zitrone, in ein Bowlegefäß geben. Zum Durchziehen 30 Minuten stehen lassen. Einige Eiswürfel darauflegen und mit Moselwein übergießen, anschließend nochmals ruhen lassen. Nach Geschmack mit Zuckerwasser (Schalensirup) abschmecken und das Ganze auf Eis stellen. Kurz vor dem Servieren mit Sekt oder Selters aufgießen.

OMAS RAT

Dieses Originalrezept aus Omas Kochkiste hat seinen Namen zu Recht bekommen. Es wurde bei Tanzkursen als Erfrischung angeboten und ist deshalb auch unter dem Namen „Tanzstundenerfrischung" bekannt.

Fürst-Pückler-Bombe

ZUTATEN (FÜR 10 PORTIONEN)

¾ l Sahne, 200 g Schokoladenpulver, 300 g Zucker, 150 g frische Erdbeeren, einige Tropfen rote Lebensmittelfarbe, 60 g geriebene Makronen, 4 cl Maraschino, 200 g Rumtopffrüchte zum Garnieren

ZUBEREITUNG

Sahne steif schlagen und auf 3 Schüsseln gleichmäßig verteilen. Ersten Teil mit Schokoladenpulver verrühren und beiseitestellen. Zweite Schüssel Sahne mit 150 g Zucker und zerkleinerten Erdbeeren mischen. Etwas rote Lebensmittelfarbe zugeben. Restlichen Zucker, geriebene Makronen und Maraschino mit der letzten Schüssel Sahne vermischen. Eine Eiskegelform oder ein ähnliches Gefäß kalt ausspülen und die verschiedenen Sahnesorten nacheinander einfüllen, dabei die Masse dazwischen immer glatt streichen. Zum Abschluss ein gefettetes Pergamentpapier darüberlegen. Im Eisschrank so lange aufbewahren, bis die Masse gefroren ist. Eine Servierplatte bereithalten und die Form, damit sie sich besser stürzen lässt, mit kaltem Wasser abbrausen (bei hartnäckigen Fällen kurz in warmes Wasser tauchen). Gestürztes Eis mit Rumtopffrüchten rundherum garnieren und sofort servieren.

Grünes Kerbelwasser

ZUTATEN

100 g frischer Kerbel, ¾ l Wodka

ZUBEREITUNG

Die jungen Kerbelblätter schmecken am besten, also beim Einkauf oder bei der Ernte darauf achten. Kerbel nach Möglichkeit nicht waschen, da sehr viel Aroma verloren geht. Das Kraut klein zupfen und in eine große, helle Flasche geben. Mit Wodka aufgießen, sodass alles gut bedeckt ist, und fest verschließen. So lange an einem warmen, sonnigen Ort stehen lassen, bis der Schnaps eine kräftig grüne Farbe angenommen hat, mindestens aber 2 Monate. Durch ein Tuch abseihen und in schöne, helle Flaschen füllen, damit die Farbe gut zur Geltung kommt. Gut verschlossen kann der Kerbelschnaps lange gelagert werden.

OMAS RAT

Kerbelschnaps ist etwas für Anisliebhaber, da er sich durch ein würzig-süßes anisartiges Aroma auszeichnet. Wer also keinen Pernod oder Pastis mag, wird auch an diesem Schnaps keine Freude haben.

Hagebuttenschnaps

ZUTATEN

250 g Hagebutten, 1 l Branntwein, 200 g Zucker

ZUBEREITUNG

Gesäuberte, halbierte Hagebutten, früher auch „Hetschepetsch“ genannt, mit dem Branntwein aufgießen. An einen warmen Ort stellen und zugedeckt 14 Tage ziehen und ruhen lassen. Anschließend mit ¼ l Wasser vermischten Zucker unterrühren. Durch ein Filter- oder Fließpapier filtrieren und in Flaschen abfüllen.

OMAS RAT

Sollten Sie die Hagebutten selbst sammeln, so ist es wichtig, dass Sie den ersten Frost zum Sammeln abwarten. Nur danach können sie ihr Aroma gut abgeben.

Haselnusssoufflé

ZUTATEN

80 g Butter, 90 g Zucker (und weiteren Zucker zum Ausstreuen der Form), 3 Eier, getrennt, 75 g Biskuitkrümel, 80 g geriebene Haselnüsse, 4 cl Nusslikör, 2 cl Weinbrand

ZUBEREITUNG

Butter mit einem Teil des Zuckers schaumig rühren und mit den Eigelb mischen. Eiweiß mit dem Rest Zucker steif schlagen. Biskuitkrümel und Haselnüsse mischen und mit Likör und Weinbrand benetzen. Nussmischung mit der Butter-Ei-Creme durcharbeiten und den steifen Eischnee unterziehen. Kleine Timbale-Formen buttern, mit Zucker ausstreuen, die Soufflémasse einfüllen und im Wasserbad im heißen Ofen (ca. 160 Grad) etwa 20 Minuten garen.

Honigeis

ZUTATEN

¼ l Sahne, ⅛ l Milch, 120 g flüssiger Honig, 6 Eigelb

ZUBEREITUNG

Sahne, Milch und Honig gut verrühren, miteinander aufkochen und 5 Minuten ziehen lassen. Eigelb cremig rühren, zugeben und bei mäßiger Wärme weiterrühren, bis die Masse auf dem Löffelrücken liegen bleibt. Durch ein feines Sieb geben, schnell über Eis abkühlen und im Tiefkühlfach cremig frieren lassen.

Honiglikör

ZUTATEN

400 g flüssiger Blüten- oder Waldhonig, 750 ml Wodka

ZUBEREITUNG

Den Honig in den Wodka einrühren und so lange weiterrühren, bis der Likör klar ist. In schöne Flaschen abfüllen und für 8 Wochen ruhen lassen.

OMAS RAT

Anstatt Wodka kann auch Doppelkorn verwendet werden. Kristallisiert Honig, wird er durch sanftes Erhitzen wieder klar und flüssig. Vorsichtig in einem Wasserbad – nicht über 37 Grad – erwärmen.

Kalte Ente

ZUTATEN

Schale und Saft von 2 unbehandelten Zitronen, 5 EL Zucker, 4 Flaschen Weißwein (Pfälzer oder Rheinwein), 2 Flaschen Sekt oder Selters

ZUBEREITUNG

Die Schale der Zitronen muss peinlich genau abgeschält werden, es darf nichts Weißes mehr daran sein. Im Zitronensaft Zucker auflösen, Wein dazugießen, Schalen hinzufügen und das Ganze auf Eis durchziehen lassen. Kurz vor Gebrauch die Schalen entfernen und mit dem Sekt oder Selterswasser aufgießen.

Eisformen.

In diese Büchsen wird das in der Maschine bereitete Gefrorene eingefüllt und die Büchse alsdann nochmals kurz in Eis gestellt.

Vor dem Stürzen lege man einen Augenblick ein feuchtes, warmes Tuch um die Form. Das Eis wird sich alsdann leicht und glatt lösen.

Ich führe diese Formen in glatt und gerippt zu $^1/_2$, $^3/_4$, 1, $1^1/_2$ und 2 Liter Inhalt.

Marillensabayon

ZUTATEN

4 Eigelb, 90 g Zucker, 200 ml trockener Weißwein, 6 cl Marillenbrand

ZUBEREITUNG

Die Zutaten in einer Schüssel gut verrühren und in einem Wasserbad aufschlagen. Servieren Sie diesen Schaum zu Aprikosenstrudel.

Mirabellenschmarren

ZUTATEN

150 g Mehl, 50 g feine Haferflocken, 3 Eier, ¼ l Milch, 125 g saure Sahne, 1 Msp. Salz, 1 EL Zucker, 250 g Mirabellen (Aprikosen), Butter zum Ausbacken, Puderzucker zum Bestäuben

ZUBEREITUNG

Mehl und Haferflocken in einer Schüssel mischen und mit Eiern, Milch, Sahne, Salz und Zucker mithilfe eines Schneebesens zu einem geschmeidigen Teig verrühren. Mirabellen putzen und entsteinen, klein schneiden und unter den Teig heben. In einer Pfanne reichlich Butter erhitzen, Teig einfüllen, anbacken, wenden, in größere Stücke zerstoßen und fertig backen. Mit reichlich Puderzucker bestäuben und heiß servieren.

Mohnschaum

ZUTATEN

3 Eigelb, 50 g Zucker, 150 ml trockener Weißwein, 2 cl Rum, 1 Blatt Gelatine, 10 g frisch gemahlener Mohn, 2 EL geschlagene Sahne

ZUBEREITUNG

Eigelb, Zucker, Weißwein und Rum über einem heißen Wasserbad so lange aufschlagen, bis die Creme ihr doppeltes Volumen erreicht hat. Die in Wasser eingeweichte Gelatine und den Mohn hinzugeben, die Creme auf Eiswasser kalt rühren und vor dem Servieren die Schlagsahne locker und vorsichtig unterheben.

Mohr im Hemd

ZUTATEN

100 g Schokolade, 3 Eier, getrennt, 50 g Zucker, 100 g Butter, 1 Päckchen Vanillinzucker, 1 Prise Salz, 80 g Kuchenbrösel (oder Paniermehl), 80 g gemahlene Haselnüsse, Butter und Zucker für die Förmchen, ¼ l Schokoladensoße, ¼ l Sahne

ZUBEREITUNG

Schokolade über einem heißen Wasserbad schmelzen. Eiweiß mit 50 g Zucker zu steifem Schnee schlagen. Eigelb mit Butter, Vanillinzucker, Salz und geschmolzener Schokolade schaumig rühren. Brösel und Haselnüsse hinzufügen. Eischnee unterheben. Die Masse entweder in ausgebutterte und gezuckerte Portionsförmchen oder in eine große Puddingform geben. Die Puddingmasse dreiviertelhoch einfüllen. In ein kochendes Wasserbad stellen; das Wasser soll dabei fast bis zum Rand der Formen reichen. Die kleinen Förmchen mit Alufolie und die große Form mit dem dazugehörigen Deckel oder auch mit Alufolie abdecken. Für die größere Form ist eine Garzeit von 1½ Stunden vorgesehen. Die kleinen Förmchen benötigen ca. 40 Minuten. Den fertigen Mohr oder die kleinen Mohren auf eine Platte stürzen (evtl. den Rand mit einem spitzen Messer lösen). Mit warmer Schokoladensoße übergießen – also „ein Hemd anziehen“. Mit steif geschlagener Sahne garnieren.

Mostschaum

ZUTATEN
2 Eigelb, 130 g Zucker, 100 ml Apfelmost, weißer Apfelbrand

ZUBEREITUNG
Eigelb, Zucker und Apfelmost in einer Schüssel im Wasserbad schaumig aufschlagen, mit Apfelbrand abschmecken und noch einmal gut durcharbeiten.

OMAS RAT
Servieren Sie den Mostschaum zu frischem Apfelstrudel.

Powidltascherl

ZUTATEN
250 g Kartoffeln, 1 Ei, 60 g Mehl, 1 EL Sahne, 10 g Butter, Salz, Pflaumenmus, geröstetes Paniermehl, Zucker

ZUBEREITUNG

Kartoffeln kochen, pellen, durchpressen und mit Ei, Mehl, Sahne, Butter und 1 Prise Salz zu einem Teig verarbeiten. Etwa 3 mm dünn ausrollen, Kreise von 10 cm Durchmesser ausstechen, auf jeden Kreis ein wenig Pflaumenmus geben, zu Tascherln zusammenklappen, an den Rändern gut festdrücken und im leicht siedenden Salzwasser 3 Minuten ziehen lassen. Mit dem Schaumlöffel herausnehmen, abtropfen, in Paniermehl wenden und mit Zucker bestreut servieren.

Quittenlikör

ZUTATEN

2 kg reife Quitten, 250 g Zucker, 1 l Weinbrand, 15 Korianderkörner

ZUBEREITUNG

Quitten schälen, ganz fein reiben und mit 100 g Zucker für 24 Stunden in einem verschlossenen Gefäß stehen lassen. Den Brei mit 400 ml Wasser aufkochen, abkühlen lassen und durch ein Tuch auspressen. Mit dem restlichen Zucker vermischen und nochmals aufkochen, bis sich der Zucker auflöst. Mit Weinbrand und Korianderkörnern mischen und in einem sauberen Gefäß gut verschlossen bei Zimmertemperatur stehen lassen. Nach frühestens 3 Monaten abfiltern, in schöne Flaschen gießen und gut verschlossen mindestens noch 6 Monate reifen lassen. Anschließend kann der Quittenlikör zur Unterstützung der Verdauung getrunken werden.

Omas Rat

Wer gewürzte Liköre bevorzugt, der kann zu den Korianderkörnern noch Zimt, Nelken und Bittermandelöl dazugeben.

Reis Trauttmansdorff

Zutaten

1 Vanilleschote, 100 g Milchreis, ½ l Milch, 100 g Zucker, 1 Prise Salz, ⅛ l Orangensaft, 4 cl Cointreau, 250 g Walderdbeeren, ¼ l Sahne

Zubereitung

Mark der Vanilleschote mit Reis in die Milch geben und 20 Minuten köcheln lassen. 50 g Zucker und Salz unterrühren und den Reis (Topf in Zeitungspapier gewickelt) unter einer Decke 1 Stunde ausquellen lassen. Restlichen Zucker mit Orangensaft erhitzen, Likör zugeben, gewaschene Erdbeeren und Flüssigkeit einmal aufkochen lassen und über Eis abkühlen. Die sehr steif geschlagene Sahne unter den abgekühlten Reis ziehen und Portionsschälchen abwechselnd mit Früchten und mit Reis füllen. Mit frischen Früchten dekoriert servieren.

Sanddornlikör

ZUTATEN

750 g Sanddornbeeren, 250 g brauner Kandiszucker, 50 g Honig, ¾ l Korn, 400 g Zucker, ½ l Weinbrand

ZUBEREITUNG

Sanddornbeeren sorgfältig verlesen, ggf. waschen und abtropfen lassen. Mit dem Mixstab pürieren, mit Kandiszucker vermischen und 24 Stunden stehen lassen. In einem Topf zum Kochen bringen, Honig einrühren und abkühlen lassen. Mit Korn vermischen, in ein dunkles Gefäß geben und fest verschlossen an einem warmen Ort ziehen lassen. Nach 8–12 Wochen durch ein Tuch seihen, den Rest mit der Hand auspressen. Anschließend aus Zucker und 200 ml Wasser einen Sirup kochen. Nach dem Abkühlen alles zusammen mit dem Weinbrand zum Ansatz geben. In schöne Flaschen füllen und fest verschließen.

OMAS RAT

Sanddornbeeren sind sehr sauer. Wer den Likör süßer mag, kann die Zucker- oder Honigmenge nach Belieben erhöhen. Wer es aber gerne sehr sauer mag, reduziert die Zuckermenge um ¼.

Sehr gut schmeckt der Sanddornlikör auch mit 1 Stange Vanilleschote. Hierzu das Mark auskratzen und zu den Beeren, Zucker und Alkohol ins Gefäß geben.

Schlehenlikör

ZUTATEN

750 g Schlehen, 7 Gewürznelken, 1 Stange Zimt, 700 ml Weingeist, 750 g Zucker, 200 ml Weinbrand

ZUBEREITUNG

Schlehen verlesen, waschen, trocken tupfen, zerkleinern und mit Gewürznelken, Zimt und Weingeist in ein gut verschließbares Gefäß geben. An einem warmen, dunklen Ort 4–6 Wochen stehen lassen. Öfter schütteln. Den Ansatz durch ein feinmaschiges Tuch abseihen und ausdrücken. Aus 600 ml Wasser und Zucker in 20 Minuten einen Sirup kochen, mit Schlehensaft und Weinbrand vermischen. In kleine, farblose Flaschen abfüllen, damit die rubinrote Farbe schön zur Geltung kommt. An einem warmen, dunklen Ort einige Wochen reifen lassen.

OMAS RAT

Schlehen muss man selbst sammeln. Die dornigen Büsche wachsen an Waldrändern und Feldwegen. Nach dem ersten Frost werden die Früchte milder im Geschmack.

Schokoladencreme im Dunst

ZUTATEN

70 g Schokolade, $^3/_8$ l Sahne, 70 g Zucker, 1 ganzes Ei, 2 Eigelb

ZUBEREITUNG

Schokolade mit 2 EL Sahne schmelzen. Restliche Sahne und Zucker unterrühren. Die Mischung unter Rühren aufkochen und abkühlen lassen. Ganzes Ei und Eigelb verquirlen und mit der abgekühlten Schokolade vermischen. In eine Porzellanschüssel füllen, um sie im Dunst fertig zu kochen. Dazu einen Topf mit heißem Wasser vorbereiten und die Schüssel einsetzen. Das Wasser darf dabei nur bis zur Hälfte der Schüssel reichen. Den Deckel aufsetzen und den Topf in den vorgeheizten Ofen bei Mittelhitze stellen. Die Garzeit beträgt etwa 30 Minuten, wobei die Creme die Konsistenz von saurer Milch behalten soll. Das Wasser im Topf darf nicht kochen, sonst gerinnt die Creme.

OMAS RAT

Die Creme kann entweder warm mit Zucker bestreut oder kalt mit Schlagsahne gereicht werden.

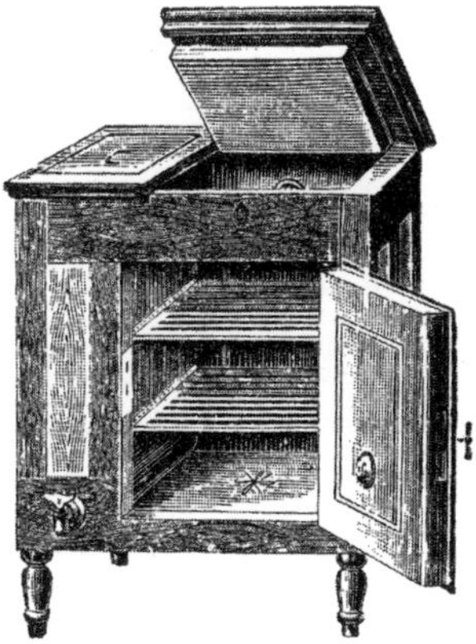

Tannengeist

ZUTATEN

6 junge Tannentriebe, ¾ l Gin

ZUBEREITUNG

Die Tannentriebe im Frühjahr pflücken und 1 Woche an einem warmen Ort trocknen lassen. Nadeln ablösen und in eine helle Flasche füllen. Mit Gin aufgießen und fest verschließen. An einem hellen, nicht zu warmen Ort 2–3 Monate ziehen lassen. Mehrmals gut durchschütteln. Durch ein Tuch abseihen, dann in Flaschen füllen und fest verschließen.

OMAS RAT

Wer den bitteren Geschmack dieses Schnapses gerne versüßt hätte, gibt zum Ansatz je nach Geschmack 100–150 g weißen Kandiszucker.

Vanillesoße oder Englische Creme

ZUTATEN

6 Eigelb, 100 g Zucker, ½ l Milch, 1 Vanilleschote

ZUBEREITUNG

Eigelb mit Zucker schaumig rühren. Milch mit aufgeschlitzter Vanilleschote aufkochen, Vanilleschote herausnehmen, das Mark mit einem Löffel herauskratzen und wieder in die Milch geben. Die heiße Vanillemilch langsam unter Rühren zu den Eigelb geben. Wieder vorsichtig erhitzen und weiterrühren. Nicht kochen! Sobald die Soße dicklich wird (man kann zusätzlich mit Speisestärke binden), diese durch ein feines Sieb geben; warm oder gekühlt servieren. Diese Soße ist die Ausgangssubstanz der berühmten Bayerischen Creme.

Warmer Arrakpunsch

ZUTATEN

400 g Zuckerwürfel, 5 unbehandelte Zitronen, 1 ½ l starker Tee, ½ l Arrak

ZUBEREITUNG

Mit Zuckerwürfeln die gewaschene Zitronenschale abreiben, Zucker im heißen Tee auflösen. Zitronen auspressen und mit Arrak in den Tee gießen, sofort servieren.

Welfencreme

ZUTATEN

½ l Milch, 40 g Zucker, ½ Vanillestange, 40 g Speisestärke, 4 Eiweiß; für den Weinschaum: 4 Eigelb, 80 g Zucker, Saft und Schale von 1 unbehandelten Zitrone, ¼ l Weißwein, 1 TL Speisestärke

ZUBEREITUNG

Milch, Zucker und Vanillestange zum Kochen aufsetzen. Speisestärke mit ein paar Löffeln Milch anrühren, hinzufügen und unter ständigem Rühren die Masse aufkochen lassen. Steif geschlagenes Eiweiß vorsichtig unter die erkaltete Creme ziehen. In Portionsschalen füllen und kalt stellen. Aus Eigelb, Zucker und geriebener Zitronenschale eine Schaummasse herstellen. Weißwein und Speisestärke zufügen und bei mäßiger Hitze auf dem Ofen abschlagen. Am besten mit einem Schneebesen verrühren und, sobald die Soße aufpufft, vom Ofen nehmen. Mit Zitronensaft abschmecken und erkaltet löffelweise über die portionierte Creme geben und anschließend sofort servieren.

Omas Rat

Diese köstliche Nachspeise mit der weißen Creme und der gelben Weinschaumcreme wurde nach dem damals bekannten Herrschergeschlecht „Welfen" benannt, deren Erkennungsfarben Weiß-Gelb waren.

Eingemachtes und Eingekochtes

Apfelgelee mit Orangenlikör

ZUTATEN

1 ½ kg Äpfel, Saft von 1 Zitrone, ¼ l Most, 1 kg Haushaltszucker, Orangenlikör nach Geschmack

ZUBEREITUNG

Es sind ca. 1 ½ kg frische Äpfel notwendig, um 1 l Apfelsaft zu gewinnen. Die Äpfel schälen, entkernen und grob zerschneiden. Mit Zitronensaft und Most zum Kochen aufstellen. Nach etwa 20 Minuten die weich gekochten Äpfel über ein Sieb, ausgelegt mit einem Mulltuch, geben. Das Fruchtmus nur leicht mit einem Teller beschweren, damit der Saft mit weichem Druck ablaufen kann. Für das Gelee 1 l Apfelsaft und Haushaltszucker vermischt aufkochen. Einige Minuten offen köcheln lassen. Den Topf vom Herd ziehen und das Ganze mit Orangenlikör aromatisieren. In Gläser abfüllen, gut verschließen und mit Schildern versehen. Bei Äpfeln ist kein Gelierzucker notwendig, da die eigenen Pektine das Gelieren bewirken.

Apfel-Wacholder-Gelee

ZUTATEN

1½ kg Äpfel (z. B. Golden Delicious), 1 kg Gelierzucker, 3 Vanilleschoten, 5 cl Wacholderschnaps

ZUBEREITUNG

Äpfel waschen und mit dem Kerngehäuse und Schale in Stücke schneiden. Mit 250 ml Wasser in einen Topf geben und weich kochen, Fruchtmus durch ein Tuch pressen. 1 l kalten Saft mit Gelierzucker und aufgeschlitzten Vanilleschoten unter Rühren aufkochen und 5 Minuten sprudelnd kochen lassen. Vanilleschoten entfernen, Wacholderschnaps unterrühren. Gelee heiß in zuvor gesäuberte Gläser füllen und sofort fest verschließen.

Aprikosen-Melissen-Konfitüre

ZUTATEN

1½ kg Aprikosen, 1 kg Gelierzucker 1:1, ½ Topf Zitronenmelisse, 1 Limette (unbehandelt), 40 ml Aprikosenschnaps

ZUBEREITUNG

Die Aprikosen kalt waschen und entsteinen. 1 kg Früchte klein schneiden und mit Gelierzucker in einem großen Topf vermischen. Melisseblättchen abzupfen, kalt abbrausen und dann fein hacken. Limette heiß abspülen, trocken reiben, anschließend die Schale mit dem Zestenreißer in dünne Streifen schneiden und zu den Aprikosen in den Topf geben. Masse zum Kochen bringen und 4 Minuten unter Rühren sprudelnd kochen lassen. Vom Herd nehmen und die gehackte Melisse sowie den Aprikosengeist unterrühren. Konfitüre sofort in

Gläser füllen, fest verschließen und 5 Minuten auf den Deckel gewendet stehen lassen. Während des Erkaltens die Konfitüre wenden, damit sich die Melisse im ganzen Glas verteilt.

Birnen in Weinbrand

ZUTATEN

12 kleine Birnen, 350 g Zucker, 1 Vanilleschote, 1 Stange Zimt, 2 Gewürznelken, 750 ml Weinbrand

ZUBEREITUNG

Die Birnen dünn schälen und das Kerngehäuse ausstechen. Zucker, aufgeschlitzte Vanilleschote, Zimt und Gewürznelken in knapp 1 l Wasser aufkochen und die Birnen dazugeben. Auf kleiner Flamme ungefähr 20 Minuten garen. Nach dem Abkühlen die Birnen und die Vanilleschote in ein schönes Glas schichten. 250 ml Sud mit Weinbrand vermischen und über die Früchte gießen, sodass alle gut bedeckt sind. Fest verschlossen 1 Woche im Kühlschrank durchziehen lassen. Innerhalb von 4 Wochen verbrauchen.

Brombeerkonfitüre mit Schlehen

ZUTATEN

1 kg Brombeeren, 750 g Schlehen, 1,5 kg Gelierzucker, Saft von 1 Zitrone, 1 Päckchen Gelierhilfe, 5 cl Schlehenlikör

ZUBEREITUNG

Brombeeren verlesen, waschen und abtropfen lassen. Schlehen waschen und in einen Kochtopf legen. Mit so viel Wasser begießen, bis die Früchte bedeckt sind. Die Schlehen weich kochen und anschließend durch ein Sieb streichen. Das Schlehenmark, Brombeeren, Gelierzucker und Zitronensaft vermischen. Unter ständigem Rühren 4–5 Minuten aufpuffen lassen. Nach dem ersten Aufkochen die Gelierhilfe zugeben. Den Topf mit der fertigen Konfitüre vom Herd nehmen und mit Schlehenlikör anreichern. Heiß abfüllen.

Dillessig

ZUTATEN

1 Flasche Essig (0, 7 l), 1 EL Zucker, 1 EL grob gestoßener weißer Pfeffer, 1 EL Senfkörner, 1–2 frische Dilldolden

ZUBEREITUNG

Essig mit Zucker, weißem Pfeffer und Senfkörnern aufkochen. Dilldolden in eine Flasche geben, Essig abseihen und heiß über den Dill gießen. Flasche sofort gut verschließen und 14 Tage stehen lassen. Dann den Essig abgießen und in eine neue Flasche umfüllen.

OMAS RAT

Dillessig eignet sich hervorragend für die Zubereitung frischer Blattsalate und für Gurkensalat! So wird Essig richtig gelagert: In der Flasche verschlossen dunkel und kühl aufbewahren. So hält er sich 1 Jahr und länger. Verderb kann eintreten durch wilde Hefen (schwammartiges Gebilde) oder auch durch sogenannte Essigälchen (= Fadenwürmer). Diese sind nicht gesundheitsschädlich, aber doch sehr unappetitlich!

Eingelegte Gewürzgurken

ZUTATEN

50 fingerlange Einleggurken, 50 g Salz, 60 g Perlzwiebeln, 10 g Pfefferkörner, 10 Nelken, 4 Lorbeerblätter, 2 Ingwerstücke, 2 EL frische Meerrettichwürfel, 1 Bd. Dill, 2 Stiele Estragon, 125 g Senfkörner; für den Gewürzgurkensud: 20 g Salz, ½ l Essig

ZUBEREITUNG

Gurken sauber bürsten, über Nacht einsalzen und danach gut abtrocknen. In einen Steintopf Gurken abwechselnd mit den Zutaten (außer den Senfkörnern) einschichten. ½ l Wasser, Salz und Essig aufkochen, dann erkalten lassen und Sud über die Gurken gießen. Senfkörner in einen kleinen Beutel einbinden (oder ein kleines Leinentuch) und als Abschluss obenauf legen. Nach 1 Woche den Sud abgießen, nochmals aufkochen und erkaltet über die Gurken geben. Anschließend den Topf gut verschließen und an einem kühlen Ort aufbewahren.

OMAS RAT

Den Saft von eingelegten Gurken sollte man nicht gleich weggießen. Man kann das Gurkenwasser noch gut für eine Salatmarinade verwenden.
Für die Marinade können Sie es noch mit etwas Senf und klein gehacktem Dill nachwürzen.

Eingelegte Paprika

ZUTATEN

800 g rote und gelbe Paprika, 1 Zwiebel, Thymian, Oregano, Pfeffer, Einkochhilfe

ZUBEREITUNG

Backofen auf 95 Grad vorheizen. Paprikaschoten halbieren, Blütenansätze und Kerne entfernen, Schoten waschen. Zwiebel schälen und in Ringe schneiden. Paprika in Stücke schneiden und mit Zwiebel, Gewürzen und Pfeffer auf die Gläser verteilen. In jedes Glas 1 Msp. Einkochhilfe geben. ½ l Wasser, Essig, Zucker und Salz aufkochen und noch heiß über die Paprika gießen. In jedes Glas 1 EL Olivenöl geben, Gläser verschließen und schütteln, sodass sich die Zutaten vermischen. Gläser auf ein Backblech stellen, dieses 2 cm hoch mit Wasser füllen und auf der untersten Schiene 70 Minuten einkochen.

Eingemachte grüne Bohnen

ZUTATEN

2 kg grüne Bohnen, 3 Knoblauchzehen, 3 Bd. Bohnenkraut, 2 TL Cayennepfeffer, 2 TL Senfkörner, 100 g Salz, 1 l Obstessig

ZUBEREITUNG

Bohnen abfädeln, waschen, Knoblauchzehen schälen und klein schneiden. Bohnenkraut waschen und ebenfalls klein schneiden. Vorbereitete Zutaten, Cayennepfeffer und Senfkörner auf bereitgestellte Einmachgläser verteilen. 1 l Wasser, Salz und Essig zum Kochen bringen. Flüssigkeit über die Bohnen gießen. Gläser verschließen und so in die ca. 1 cm hoch mit Wasser gefüllte Fettschale des Backofens stellen, dass sie sich nicht berühren. In den auf 200 Grad vorgeheizten Backofen schieben. Nach ca. 1 Stunde, wenn Luftbläschen vom Boden der Gläser aufsteigen, Temperatur auf ca. 130 Grad zurück stellen und Gemüse ca. 90 Minuten einkochen lassen. Nach Beendigung der Einkochzeit Gläser mit dem Einmachgut sofort aus dem heißen Wasser nehmen. Gläser mit Küchenhandtüchern abgedeckt erkalten lassen. Bohnen kühl aufbewahren.

Erdbeerkonfitüre mit Rhabarber

ZUTATEN

750 g Erdbeeren, 500 g Rhabarber, Saft von 1 Zitrone, 1 ¼ kg Gelierzucker

ZUBEREITUNG

Erdbeeren verlesen, waschen und abtropfen lassen. Rhabarber schälen, waschen und quer in ca. ½ cm große Stücke schneiden. Erdbeeren mit dem Saft der Zitrone leicht pürieren. Anschließend mit Rhabarberstückchen und Gelierzucker vermengt zum Kochen aufstellen. Etwa 4 Minuten sprudelnd aufkochen lassen. Noch heiß in vorbereitete Gläser abfüllen und gut verschließen.

Gelee mit Kräuter-Allerlei

ZUTATEN

1 ½ kg Tomaten, Saft von 2 Zitronen, ⅛ l Kräuteressig, verschiedene frische Kräuter wie Thymian, Rosmarin, Kerbel, 2 Lorbeerblätter, 1 kg Gelierzucker, einige frische Zweige Rosmarin

ZUBEREITUNG

Tomaten waschen und grob zerschneiden, in einen Kochtopf legen und mit Zitronensaft, Kräuteressig und ca. ⅛ l Wasser begießen. Frische Kräuter und zerdrückte Lorbeerblätter einlegen. Das Ganze zum Kochen bringen und ca. 10 Minuten leise köcheln lassen. Den Topfinhalt über ein Sieb, ausgelegt mit einem Tuch, geben. Es dauert einige Stunden, bis der Saft durchgelaufen ist. Tomatensaft mit Gelierzucker vermischen und aufkochen. Weitere 4 Minuten bei ständigem Rühren aufwallen lassen. In jedes bereitgestellte, sterile Glas einen frischen Rosmarinzweig legen. Anschließend mit gekochtem Gelee auffüllen.

Gurkenpickles mit Schalotten

ZUTATEN

700 g Salatgurken, 300 g Schalotten, ¾ l Weißweinessig, ¼ l Weißwein, 5 Gewürznelken, 5 Lorbeerblätter, 1 EL Pfefferkörner, 5 Wacholderbeeren, 2 Zimtstangen, 500 g Gelierzucker

ZUBEREITUNG

Geschälte Gurken der Länge nach durchschneiden, Kerne mit einem Löffel herausschaben. Gurken in 1 cm breite Stücke schneiden. Schalotten schälen. Essig, Weißwein und Gewürze 10 Minuten kochen lassen. Schalotten zufügen und 5–8 Minuten kochen lassen. Gelierzucker und Gurkenstücke unterrühren und alles weitere 3–5 Minuten kochen lassen. Heiß in Gläser füllen und sofort verschließen.

Hagebutten-Apfel-Konfitüre

ZUTATEN

800 g Hagebutten, 500 g Äpfel, 1 Orange (unbehandelt), 500 g Gelierzucker 2:1

ZUBEREITUNG

Hagebutten waschen, Stiele und Blütenansätze entfernen. Früchte halbieren, Kerne herauskratzen und nochmals waschen. Mit ½ l Wasser bedeckt 20 Minuten weich kochen. Hagebutten durch ein Sieb streichen und 500 g Fruchtmark abwiegen. Äpfel schälen, die Kerngehäuse entfernen, Fruchtfleisch in Würfel schneiden. Orangenschale auf einer feinen Küchenreibe abreiben. Apfelstücke zum Fruchtmark geben, Masse mit Orangensaft und -schale sowie Gelierzucker vermischen. Unter Rühren aufkochen. 3 Minuten sprudelnd kochen, noch heiß in Gläser füllen und sofort verschließen.

Himbeeressig

ZUTATEN

300 g frische Himbeeren, ½ l guter Weinessig

ZUBEREITUNG

Die Früchte gut verlesen und in eine Flasche mit weitem Hals geben. Essig dazugießen und auf einer sonnigen Fensterbank 14 Tage stehen lassen. Dann den Essig abgießen, einmal aufkochen, abkühlen lassen und wieder über die Himbeeren gießen. Die Flasche gut verschließen und kühl aufbewahren.

Holunderkonfitüre mit Äpfeln

ZUTATEN

1 kg Holunderbeeren, 500 g Äpfel, Saft von 1 Zitrone, 2 kg Zucker, 1 Flasche flüssiges Geliermittel, nach Belieben 5 cl Hollerschnaps

ZUBEREITUNG

Holunderbeeren verlesen, abzupfen, waschen und abtrocknen. Äpfel schälen, vom Kernhaus befreien und klein würfeln. Beide Fruchtsorten in einem flachen Topf vermischen und mit Zitronensaft beträufeln. Einige Minuten durchziehen lassen. Zucker einrühren und zum Kochen aufstellen. Nach dem ersten Aufkochen das flüssige Geliermittel einrühren. Einige Minuten leise köcheln lassen. Vom Herd ziehen und in Gläser abfüllen. Den Hollerschnaps vor dem Abfüllen in die Konfitüre einrühren oder die Deckel damit ausschwenken.

Kalt gerührte Himbeerkonfitüre

ZUTATEN

500 g Himbeeren, 1 kg Zucker, Saft von ½ Zitrone, nach Belieben 1 Schuss Himbeerlikör oder -wasser

ZUBEREITUNG

Himbeeren sorgfältig säubern. Großzügig in eine Schüssel legen und mit Zucker bestreuen. Zitronensaft darüberträufeln. Zugedeckt über Nacht im Kühlschrank ziehen lassen. Am anderen Tag die marinierten Früchte mit einem elektrischen Küchenmixer so lange bearbeiten, bis sich der Zucker aufgelöst hat. Nach Belieben mit Himbeerlikör abschmecken. In vorbereitete Gläser füllen. Die Deckel oder das Einmachcellophan zusätzlich mit Himbeerwasser ausschwenken. Da diese Art der Herstellung keine lange Haltbarkeit garantiert, kann die Konfitüre z. B. in Portionsschälchen aus Plastik abgefüllt und eingefroren werden.

Kirschen-Mirabellen-Topf

ZUTATEN

600 g Kirschen, 400 g Mirabellen, 900 g Zucker, ½ Vanilleschote, ¼ Stange Zimt, 750 ml Weinbrand

ZUBEREITUNG

Kirschen und Mirabellen gründlich waschen und die Stiele abzupfen. Auf einem Küchentuch gut abtrocknen lassen und mit einem Zahnstocher jede Frucht mehrmals einstechen. Je 3 Kirsch- und Mirabellenkerne zerschlagen, mit den Früchten in eine Schüssel geben und mit dem Zucker vermischen. Für 1 Tag Saft ziehen lassen. Wenn der Zucker ganz aufgelöst ist, mit der aufgeschlitzten Vanilleschote und der Zimtstange in ein hohes Glas schichten und mit Weinbrand aufgießen, sodass alle Früchte gut bedeckt sind. Im Kühlschrank 5 Tage durchziehen lassen und servieren. Höchstens 3 Wochen im Kühlschrank haltbar.

Kräuteressig

ZUTATEN

100 g Zucker, 1 ½ l Weinessig, 50 g Zwiebeln, 10 g Dill, 1 Lorbeerblatt, 10 g Petersilie, 10 g Basilikum, 10 g Kerbel, 20 g Schalotten, 20 Pfefferkörner, 5 g Sellerieblätter, 10 g Thymian,

30 g Estragonblätter, etwas abgeriebene unbehandelte Zitronenschale

ZUBEREITUNG

Den Zucker in Essig auflösen und aufkochen. Die Kräuter und Gewürze in einen Steinguttopf geben und mit der Flüssigkeit aufgießen. Den Topf gut verschließen und nach etwa 14 Tagen den Essig abseihen und passieren. In Flaschen abfüllen und für pikante Salate, Mayonnaisen und Soßen verwenden.

Kürbis-Quitten-Gelee

ZUTATEN

750 g Kürbis, ½ Topf Zitronenmelisse, 750 ml Quittensaft, 2 kg Gelierzucker 1:1, 1 Päckchen Zitronensäure

ZUBEREITUNG

Kürbis schälen, Kerne und das faserige Innere entfernen, Fruchtfleisch würfeln. Mit ein wenig Wasser ca. 10 Minuten weich garen und mit dem Passierstab fein pürieren. Die Melisseblättchen abzupfen und fein hacken. Mit Quittensaft, Gelierzucker sowie mit Zitronensäure unter das Kürbispüree rühren. Das Ganze dann zum Kochen bringen. 4 Minuten unter Rühren sprudelnd kochen lassen und sofort in heiß ausgespülte Gläser füllen. Gläser fest verschließen, 5 Minuten auf den Deckel gewendet stehen lassen. Ergibt 12 Gläser à 230 g.

Mixed Pickles

ZUTATEN

30 kleine Bohnen, 15 kleine Möhren, 100 g Sellerie, 1 kleiner Kopf Blumenkohl, Salz, 30 kleine Pfeffergurken, 1 l Weinessig, 20 Schalotten, 20 Champignons, 20 Perlzwiebeln, 1 Prise Zucker, 1 Pfefferschote, 1 Prise Cayennepfeffer

ZUBEREITUNG

Zuerst die Gemüse vorbereiten: Bohnen in 3 cm lange Stücke brechen oder schneiden, Möhren schälen und aus dem Sellerie kleine Kugeln ausstechen. Blumenkohl mit 10 g Salz in Wasser gar kochen und in kleine Röschen zerpflücken. Gurken mit 20 g Salz vermischen, 10 – 12 Stunden ziehen lassen und abtrocknen. Die geputzten Schalotten, Champignons, Perlzwiebeln mit Zucker, Pfefferschote und Cayennepfeffer in Essig aufkochen. Alle Zutaten zusammen mit dem Essigsud in Gläser füllen. Nach ca. 5 Tagen den Sud abseihen, nochmals aufkochen und darübergeben. Die Gläser gut verschlossen an einen kühlen Ort stellen.

Möhrenkonfitüre

ZUTATEN

1 kg Möhren, ⅛ l Rotwein, 1 kg Gelierzucker, Saft von 1 Zitrone und 1 Orange, 5 cl Weinbrand

ZUBEREITUNG

Möhren schälen und in Scheiben schneiden. Mit nur ganz wenig Wasser bedeckt zum Kochen aufstellen. Die weichen Möhren mit Rotwein, Gelierzucker sowie Zitronen- und Orangensaft vermischen. Erneut zum Kochen aufstellen. Etwa 4 Minuten unter Rühren sprudelnd kochen lassen.

Noch heiß in Gläser füllen. Die Oberfläche leicht mit Weinbrand beträufeln.

Pflaumen in Rotwein

ZUTATEN
1 kg Pflaumen, 150 ml Essig, 450 g Zucker, 350 ml kräftiger Rotwein, ¼ Stange Zimt, 3 Gewürznelken

ZUBEREITUNG
Pflaumen gründlich waschen und auf einem Küchentuch gut abtrocknen lassen. Essig, Zucker und Rotwein in einem Topf

aufkochen lassen, abschäumen und Pflaumen in kleinen Portionen darin je 10 Minuten garen. Mit einem Schaumlöffel herausheben, gut abtropfen lassen und in vorgewärmte Twist-off-Gläser geben. Zimtstange und Gewürznelken in den Sud geben und leicht einkochen lassen. Nach dem Erkalten über die Pflaumen gießen und die Gläser gut verschließen. An einem dunklen, kühlen Ort ungefähr 6 Wochen haltbar.

OMAS RAT

Die Pflaumen in Rotwein eignen sich gut als Beilage zu Wildgerichten oder anderen dunklen Fleischgerichten.

Quittengelee mit Walnüssen

ZUTATEN

1 ½ kg Quitten, ca. 1 kg Gelierzucker, 1 Vanilleschote, 150 g Walnusskerne

ZUBEREITUNG

Quitten mit einem sauberen Tuch abreiben und den Flaum gründlich entfernen. Dann die Früchte waschen, in Spalten schneiden und Blüten und Stiele entfernen. Früchte mit 1 ½ l Wasser in knapp 45 Minuten weich kochen, die Quitten keinesfalls zerkochen. Saft durch ein Baumwolltuch ablaufen lassen. Nicht pressen, nur mit einem Teller beschweren. Den Saft abwiegen und dieselbe Menge an Gelierzucker zugeben. Zum Kochen bringen, Mark der Vanilleschote und Walnusskerne zugeben. Bis zur Gelierprobe kochen. Noch heiß in Gläser abfüllen und verschließen.

Sanddornkonfitüre

ZUTATEN

1 ¼ kg Sanddorn, 1 kg Gelierzucker, 5 cl Aprikosenlikör

ZUBEREITUNG

Früchte verlesen, waschen und nur kurz in kochendes Wasser geben. Durch ein Sieb streichen, damit Kerne und Häute zurückbleiben. Den entstandenen Obstbrei mit Gelierzucker vermischen und zum Kochen aufstellen. Etwa 4 Minuten unter Rühren offen köcheln lassen. Den Topf vom Herd ziehen und mit Aprikosenlikör verfeinern. Noch heiß in Gläser abfüllen.

OMAS RAT

Marmeladengläser platzen nicht, wenn sie beim Einfüllen der heißen Flüssigkeit auf einem feuchten Tuch stehen und wenn man beim Einfüllen einen Silberlöffel einlegt.

Schattenmorellen in Rum

ZUTATEN

750 g Schattenmorellen, 750 ml Rum, 350 g Puderzucker

ZUBEREITUNG

Schattenmorellen waschen und gut abtropfen lassen; dafür evtl. auf Küchenpapier legen. Kirschen von den Stielen zupfen, aber nicht entsteinen. 200 ml Rum etwas erwärmen und Zucker unter Rühren darin auflösen. Schattenmorellen in ein hohes Glas schlichten, mit Zuckerlösung und Rum übergießen, sodass alle Früchte bedeckt sind, und gut verschließen. Für 3–4 Wochen an einem dunklen, kühlen Ort ziehen lassen. Die Schattenmorellen in Rum halten sich im Kühlschrank ungefähr 3 Monate.

OMAS RAT

Schattenmorellen sind eine süßsaure Sauerkirschart. Ein besonderes Aroma erhält man, wenn der Rum durch Arrak ersetzt wird.

Schlehensaft

ZUTATEN

2 kg Schlehen, etwa 1 kg Zucker

ZUBEREITUNG

Schlehen in eine Schüssel geben und mit reichlich kochendem Wasser übergießen. Zudecken und 1 Tag stehen lassen. Den

Saft abseihen, aufkochen und wieder über die Schlehen gießen. Den Vorgang noch dreimal wiederholen. Den Saft abmessen und pro l 500 g Zucker zufügen. Das Ganze zum Kochen bringen. Wenn sich der Zucker gelöst hat, den Saft in Flaschen abfüllen.

OMAS RAT

Zu Süßspeisen reichen oder als Getränk auch mit Rum oder Wein mischen.

Traubenscherbett

ZUTATEN

500 g Zucker, 1 Zitrone, 1 Orange, 3 Tassen Traubensaft, 20 g in Wasser aufgelöste Gelatine

ZUBEREITUNG

Den Zucker mit 4 Tassen Wasser mischen, aufkochen und durch ein feines Sieb gießen. Mit dem Saft der Zitrone und Orange und Traubensaft vermischen. Zum Schluss Gelatine gut einrühren und in Gläser füllen. Ins Eisfach stellen, bis das Scherbett angefroren ist.

OMAS RAT

Halbgefroren, mit Sahne und Kirschen verziert servieren. Das Scherbett ist weitläufig verwandt mit dem Sorbet, daher auch der Name. Ein Sorbet ist eine Mischung aus Speiseeis mit

Fruchtsaft, Wein, Sekt oder auch Sodawasser und Spirituosen. Die Beschaffenheit ist wie bei Halbgefrorenem halbweich, nicht flüssig. Mit Gelatine versetzte Speisen sollten, wenn sie nicht zum Festwerden in den Kühlschrank gestellt werden, nicht abgedeckt werden. Diese Speise kann ansonsten flüssig bleiben.

Würzig-scharfe Zwiebeln

ZUTATEN:

750 g kleine Zwiebeln, 2 kleine Chilischoten, 1 Bd. frischer Thymian, ⅛ l Weißweinessig, 12 schwarze Pfefferkörner, 8 Pimentkörner, Salz

ZUBEREITUNG

Zwiebeln schälen und vierteln. Die Chilischoten entkernen, waschen und in Scheiben schneiden. Thymian waschen, trocken tupfen. Zwiebeln und Chilischoten in einen Topf geben, mit Weißweinessig, ⅛ l Wasser, Pfefferkörnern, Pimentkörnern und Salz aufkochen und bei mittlerer Hitze ca. 15 Minuten bissfest garen. Zwiebel-Chili-Masse noch heiß in Gläser füllen und sofort verschließen. Ergibt 3 Gläser à 300 g.

Aus Omas Speisezettel

Menüvorschläge von Großmutter

Sollten Sie mal Lust auf einen Nostalgieabend mit Omas Rezepten verspüren, so finden Sie hier einige Vorschläge, eingeteilt in die vier Jahreszeiten. Selbstverständlich können an dieser Stelle nur Anregungen gegeben werden. Weitere Variationen sind natürlich möglich und Ihrer Fantasie überlassen.

FRÜHLING

Lebersuppe
Gelee mit Kräuter-Allerlei
Leipziger Allerlei mit Petersilienkartoffeln und frischen Salaten
Berliner Luft
oder
Verkochte Brotsuppe
Hühnerfrikassee mit Butterreis und Sauerampferpüree
Welfencreme

SOMMER

Kalbskopfsuppe
Gekochte Hammelzunge mit Nudeln
Königsberger Klopse mit Reis
Honigeis

oder
Gurkensuppe
Gefüllte Kartoffelrolle
Entensalmi mit Gewürzbrot
Traubenscherbett mit eingemachten Preiselbeeren

HERBST

Altbayerische Suppe
Hasenpastete mit Cumberlandsoße
Gebratener Frischlingsrücken mit Böhmischen Knödeln
oder
Kuttelflecksuppe
Schinkenpastete mit Weißbrot
Fasan auf Sauerkraut und gerösteten
Semmelknödelscheiben
Englischer Pudding

WINTER

Borschtsch
Gebratener Schweinsmagen mit verlängertem Grünkohl
Gaisburger Marsch
Fürst-Pückler-Bombe
oder
Brennsuppe
Berliner Gänseklein
Kaninchenragout mit Serviettenklößen
Welfencreme

„FASTENTAGE"

Fastentage kann man sich mit entsprechenden Rezepten auch ganz nett machen. Nachfolgend zwei Beispiele, wie Sie an solchen Tagen genießen können, obwohl Sie gerade eine Fastenkur machen:

Kürbissuppe
Aal, in Salbei geröstet, mit Rotkraut
Dorsch, überbacken, mit Butterreis
Marillensabayon
oder
Schwarzbrotsuppe mit Dunkelbier
Erbsenpudding
Hecht in Béchamelsoße mit Butterkartoffeln
Powidl Tascherl

Zum Schluss möchte ich Ihnen noch ein Beispiel geben, wie „früher" ein großes Menü aussah:

Flundern, gebacken, mit Béarnaisesoße und frischen Salaten
Hammelbrust mit Semmelleberfüllung und gedünstetem Zwiebelgemüse
Apfelweingelee
Backpflaumenauflauf oder Blaubeerkuchen
Schokoladenbaiser
verschiedener Käse und feines Obst
Kaffee
Likör

Küchenkalender

Um gute Speisen zu bereiten, bedarf es einer klug durchdachten Planung in der Küche und eines Blicks auf den „Küchenjahreskalender". Nachfolgend finden Sie dazu einen kleinen Streifzug durch Großmutters Küchen- und Marktkalender.

Januar

Salate
Endivien, Eskariol, Feldsalat

Pilze
Schwarze Trüffel, Zuchtchampignons
Obst
Äpfel, Orangen, Bananen, Ananas, Datteln, Feigen, Hasel-, Wal- und Paranüsse, Feigen
Gemüse
Weiß- und Rotkraut, Sauerkraut, Hülsenfrüchte, Grün- und Blumenkohl, Wirsing, Artischocken

März

Salate
Frühgurken, Endivien, Feldsalat
Pilze
Morcheln, Zuchtchampignons
Obst
Mandarinen, Ananas, Pampelmusen, Birnen, Äpfel, Datteln, Bananen
Gemüse
Rosenkohl, Hopfen, Meerrettich, Lauch, Schwarzwurzeln, Sellerie, Spinat, Brunnenkresse, Fenchel

Mai

Salate
Kopfsalat, grüner Frühbeetsalat
Pilze
Morcheln, Champignons, Trüffel, Maipilze
Obst
Äpfel, Birnen, Treibhausfrüchte
Gemüse
Spargel, Spinat, junger Kohlrabi, Tomaten, Sauerampfer, Flageoletts, Schwarzwurzeln, Hopfen, grüne Erbsen, Radieschen, Rhabarber, Rettich

Juli

Salate

Gurken, verschiedene Sorten von Blattsalaten, Tomaten, Rettiche, Radieschen

Pilze

Deutsche Weißtrüffeln, Pfifferlinge, Kapuzinerpilze, Butterpilze, Rotkappen, Maronenpilze

Obst

Himbeeren, Erdbeeren, Johannis- und Stachelbeeren, Aprikosen, Renekloden, Süß- und etwas später Sauerkirschen, Pfirsiche, Heidelbeeren

Gemüse

Schoten und Bohnen, Petersilie, Möhren, Tomaten, Kartoffeln, grüner Spargel, Mangold, Blumenkohl, Brokkoli, Chinakohl

September

Salate

Endivien, Eskariol, Gurken, Rettiche, Radieschen

Pilze

Echter Ziegenbart, Hallimasch

Obst

Preiselbeeren, Birnen, Bananen, Pflaumen, Weintrauben, Melonen, Quitten

Gemüse

Maiskolben, Kürbisse, Tomaten, Sellerie, Kohlrabi, Bohnen, weiße Rüben

November

Salate

Feldsalat, Endivien, Brunnenkresse

Pilze
Deutsche Schwarztrüffel, Zuchtchampignons, Hallimasch
Obst
Quitten, Nüsse aller Art, getrocknetes Obst, Feigen, Orangen, Äpfel, Weintrauben, Preiselbeeren, Datteln, Bananen
Gemüse
Sauerkraut, Kürbisse, Kerbel, Spinat, Kohlrabi, Erbsen, Linsen, Rosenkohl, weiße Bohnen, Teltower Rübchen

Dezember

Salate
Endivien, Eskariol, Feldsalat
Pilze
Deutsche Schwarztrüffel und Zuchtchampignons
Obst
Mandarinen, Datteln, Feigen, Pampelmusen, Birnen, Weintrauben, Bananen
Gemüse
Welschkohl, alle Rübensorten, Eierfrüchte, Schwarzwurzeln, *Bleichsellerie*

Heutzutage ist dieser Jahreszeitenkalender etwas verschoben, da wir viele Artikel aus dem Ausland beziehen und auch im Treibhausverfahren Fortschritte und Veränderungen gemacht haben.
Am köstlichsten aber bleiben die frischen Lebensmittel vom Markt aus heimischem Anbau oder auch direkt beim Bauern gekauft.

Alles über Küchenkräuter

Kleine Kräuterkunde

Kräuter verfeinern das Aroma der Speisen und fördern damit deren Bekömmlichkeit, sie helfen Kochsalz sparen und werten die einzelnen Gerichte mit ihren Wirkstoffen auf. Ein Großteil der Wirkstoffe wird während Trocknung und Lagerung abgebaut, weshalb frischen Kräutern so oft als möglich der Vorzug gegeben werden sollte.

Kräuter, selbst gezogen

Wer ein Kräuterbeet im Garten hat, kann täglich frische Küchenkräuter ernten. Je frischer die Kräuter, desto wertvoller und aromatischer sind sie!

Omas Rat

Geben Sie etwa die halbe Menge Kräuter in die kochenden Gerichte, damit sie ihr Aroma entfalten können, die andere Hälfte streuen Sie erst zum Servieren über die Speisen (bessere Vitaminzufuhr)!

Die meisten Kräuter stammen aus südlichen Ländern und benötigen daher eine sonnige Lage. Ideal für ein Kräuterbeet ist ein lockerer, mäßig feuchter Humusboden. Ein Platz nahe am Haus ist günstig für einen kurzen Weg zur Küche. Als Alternative bietet sich ein Pflanzkübel neben dem Hauseingang oder auf der Terrasse an.
Wenn Sie ein Beet planen, zeichnen Sie als Erstes einen maßstabsgerechten Grundriss auf. Informieren Sie sich über Farbe, Form, Wuchshöhe und Verwendbarkeit der entsprechenden Kräuter! Höhere Kräuterstauden nach hinten setzen. Kräuter, die als ausdauernde Stauden wachsen (z. B. Liebstöckel, Melisse oder Pfefferminze), besser an einen geeigneten Standort im Garten pflanzen, da sie rasch einen großen Umfang erreichen. Einjährige Küchenkräuter eignen sich auch als Zwischenbepflanzung auf dem Gemüsebeet (z. B. Dill, Borretsch, Gartenkresse oder Bohnenkraut). Der Standort der einzelnen Kräuter sollte aber öfters gewechselt werden, damit der Boden nicht einseitig ausgelaugt wird (Nährstoffverlust!).

Welche Pflanzen eignen sich für ein Kräuterbeet?

Ein- und mehrjährige Pflanzen können problemlos kombiniert werden. Zu den wichtigsten einjährigen Küchenkräutern gehören: Basilikum, Bohnenkraut, Borretsch, Dill, Gartenkresse, Kapuzinerkresse, Kerbel, Koriander, Majoran und Portulak. Zweijährig sind Kümmel und Petersilie.
Zu den ausdauernden mehrjährigen Pflanzen gehören: Bärlauch, Estragon, Knoblauch, Lavendel, Liebstöckel, Zitronenmelisse, Pfefferminze, Pimpinelle, Rosmarin, Salbei, Schnittlauch, Thymian, Waldmeister, Wacholder, Wermut und Ysop.

OMAS RAT

Rosmarin ist ursprünglich nicht winterhart. Deshalb im Herbst vor dem ersten Frost in Töpfe setzen und an einem kühlen, hellen Platz überwintern! Dabei nicht austrocknen lassen!

Mit einer Aussaat in Kisten können die meisten Kräuter vorgezogen werden, was allerdings Zeit und Geduld erfordert. Wer diese nicht aufbringen kann, bekommt in fast allen Gärtnereien entsprechende vorgezogene Küchenkräuter als Stauden.
Was die Pflege angeht, so sind Kräuter absolut anspruchslos. Sie benötigen nur wenig Dünger, am besten organischen, als ständig langsam fließende Nährstoffquelle (z. B. Kräuterauszüge, Kompost, Hornspäne, Blut- oder Knochenmehl). Die optimale Zeit zum Düngen ist das Frühjahr und der Frühsommer. Empfindliche Pflanzen (z. B. Estragon) sollten im Herbst einen Frostschutz bekommen (z. B. aus Tannenreisig). In schneereichen Gegenden bindet man Halbsträucher mit einer Schnur zusammen. Staudenpflanzen sollten viel und oft geschnitten werden, damit sie nicht verholzen.

OMAS RAT

Beim Bepflanzen darauf achten, dass es Pflanzen gibt, die sich als Nachbarn nicht vertragen, z. B. Wermut und Zitronenmelisse oder Pfefferminze und Kresse! Wieder andere fördern sich, z. B. Anis und Buschbohnen, Dill und Gurken, Kerbel und frühe Möhren, Rote Bete und Borretsch oder Erbsen und Kamille.

Auch ein Balkonkasten kann zu einem kleinen Kräutergarten werden. Viele Küchenkräuter besitzen herrliche Blütenformen, intensive Farben und verströmen einen aromatischen Duft. Kombiniert mit anderen blühenden Balkonpflanzen ergibt sich eine dekorative Balkonbepflanzung. Geeignete Küchenkräuter für den Balkon sind: Basilikum, Bohnenkraut, Kapuzinerkresse, Lavendel, Majoran, Oregano, Petersilie, Ringelblume, Rosmarin, Salbei, Schnittlauch, Thymian, Tripmadam und Zitronenmelisse.

Optimal ist ein windgeschützter Südbalkon. Auch im Zimmerklima gedeihen einige Küchenkräuter. Allerdings sind die Pflanzen bei Zimmerlicht und -luft weniger ausdauernd im Wachstum als an frischer Luft. Ideal ist ein Südfenster mit mehr als 50 % Luftfeuchtigkeit, Wärme am Tag und Kühle in der Nacht. Bei mangelndem Licht kann eine Pflanzenleuchtstoffröhre, die im Fachhandel erhältlich ist und für bessere Lichtverhältnisse sorgt, weiterhelfen.

Außerdem die Blätter regelmäßig mit kalkfreiem Wasser besprühen und auf viel frische Luft achten, dabei aber Zugluft vermeiden!

Geeignete Pflanzen für die Fensterbank sind: Bohnenkraut, Lavendel, Majoran, Oregano, Petersilie, Rosmarin, Salbei, Schnittlauch, Thymian und Zitronenmelisse. Am robustesten sind Salbei, Schnittlauch und Zitronenmelisse. Was beinahe immer gut gelingt, ist die Anzucht von Kresse. Bereits ein feuchtes Taschentuch genügt hier, um die Saat aufgehen zu lassen.

Kräuter haltbar machen

Kräuter können mit verschiedenen Methoden konserviert werden. Die einfachste (und gleichzeitig älteste) Methode ist das Trocknen der Kräuter. Die Kräuter sollen dazu bei trockenem Wetter geerntet werden. Die beste Tageszeit für die Ernte ist der Vormittag. In den frühen Morgenstunden liegt noch zu viel Tau auf den Blättern, und in den heißen Mittagsstunden ist der Gehalt an ätherischen Ölen erniedrigt.

Beim Ernten die Blätter vorsichtig anfassen, um Druckstellen zu vermeiden! Auch Wurzeln werden am besten bei trockenem Wetter geerntet. Für die Samenernte sind dagegen die frühen Morgenstunden oder trübes Wetter günstig.
Der beste Zeitpunkt für die Winterernte ist der Beginn der Blüte, wenn der Wirkstoffgehalt am höchsten ist. Bei mehrmaliger Ernte sollen nicht alle Blätter auf einmal abgenommen werden. Angefressene, welke und verschmutzte Blätter werden vor dem Trocknen aussortiert. Die geernteten Blätter und Triebspitzen können dann auf Papier ausgebreitet werden. Kräuterstängel werden gebündelt in einem schattigen, luftigen Raum aufgehängt. Ideal hierfür ist ein luftiger Speicher oder ein überdachter Balkon. Für größere Mengen haben sich Horden, also flache, stapelbare Lattenkästen, bewährt.
Die Trocknungstemperaturen sollen 30–35 Grad nicht überschreiten, auch soll das Trockengut nicht der Sonne ausgesetzt werden, da sich sonst die ätherischen Öle verflüchtigen und die Farbe ausbleicht. Hilfreich ist es, die verschiedenen Kräuterbüsche jeweils mit einem Namensschild zu versehen, da sie nach dem Trocknen oft schwer zu unterscheiden sind. Ausgebreitete Blätter ab und zu wenden! Die Kräuter sind fertig getrocknet, wenn die Stiele wie Glas brechen. Dann können die Blätter von den Stängeln gestreift bzw. zerrieben werden. Stiele und Stängel werden aussortiert.

Omas Rat

Binden Sie verschiedene Küchenkräuter in Büscheln zusammen und hängen Sie sie in der Wohnung auf. Das ergibt einen angenehmen Duft in den Räumen!

Getrocknete Kräuter sind ca. 1 Jahr – bis zur nächsten Ernte – haltbar. Zur Aufbewahrung sind luftdichte, dunkle Behälter, auch Gläser mit Schraubverschluss ideal. Blechbehälter sollten

mit einer Papierschicht versehen sein. Die Wurzelernte erfolgt im Frühjahr oder im Herbst. Die ausgestochenen Wurzeln werden gut gesäubert, in kleine Stücke geschnitten und getrocknet. Anschließend können sie in Öl, Essig oder Alkohol eingelegt werden. Für die Samenernte werden die Samenköpfe vor der endgültigen Reife abgeschnitten und kopfüber an einem trockenen, luftigen Platz aufgehängt. Die nachgereiften Samen fallen dann auf daruntergelegtes Papier.
Eine weitere Methode, um Kräuter haltbar zu machen, ist seit jeher das Einsalzen. Dazu werden die Kräuter bei Bedarf gewaschen, nachgetrocknet, fein geschnitten und lagenweise mit Salz in Gläser oder Töpfe geschichtet. Auf 1 Teil Salz kommen 4 Teile Kräuter.

Zu guter Letzt bietet sich noch die Möglichkeit an, dass anstelle von Salz Weinessig oder Olivenöl zum Konservieren verwendet werden. Die fein geschnittenen Kräuter in Gläser füllen und so viel Essig oder Öl darübergießen, dass die Kräuter über einen Finger hoch mit Flüssigkeit bedeckt sind. Kühl und dunkel aufbewahren!

Omas Rat

Die Kräuter vor dem Einlegen durch den Fleischwolf drehen, in Gläsern festdrücken und übergießen.
Eingelegte Kräuter bzw. selbst hergestellter Kräuteressig sind übrigens auch eine einfallsreiche und dekorative Geschenkidee. Wählen Sie dafür besonders schöne Gläser oder Flaschen aus und verzieren Sie sie mit schönen oder ausgefallenen Etiketten.

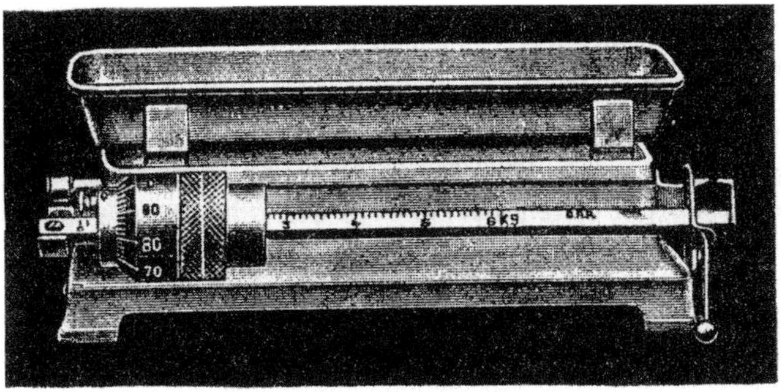

Küchenkräuter und ihre Verwendung

Nicht alles passt in der Kräuterkunde zusammen. Manche Kräuter verfeinern ein Gericht auf das Köstlichste oder geben ihm erst den richtigen Geschmack, andere Kräuter können dagegen das gleiche Gericht irritieren bis völlig misslungen schmecken lassen.
Die folgende Liste soll zum Ausprobieren anregen und vor Enttäuschungen bewahren:

BÄRLAUCH
für Salatsoßen, Fleischbrühe, Kräuterbutter, Quark und Eintöpfe

BASILIKUM
für Tomatengerichte, Fischgerichte, zu Kalbfleisch und Sahnesoßen

BEIFUSS
für fette Speisen, wie Wild, Ente, Gans, Schweinebraten und Aal

BOHNENKRAUT
für grüne Bohnen, Hülsenfrüchte, Würste und fette Fleischgerichte

BORRETSCH
in Joghurt, Salaten, Soßen, pikanten Erfrischungsgetränken

BRENNNESSEL
für Kräutersuppen, Salate und als Spinat

BRUNNENKRESSE
in Salaten, in Quark und Kräuterbutter sowie als Brotbelag

DILL
für Gurken, Salate, Kräuterbutter, Kräuteressig, Soßen und Fischgerichte

ESTRAGON
für Soßen, Gurken, Kräuteressig, Geflügel-, Fisch- und Fleischgerichte

FENCHELKRAUT
für Salate, Fisch- und Gemüsegerichte sowie zum Garnieren

GARTENKRESSE
in Salaten, als Suppeneinlage und aufs Butterbrot

HOLUNDER
für Tee, Milchspeisen, Gelee, Marmelade, Desserts und Gebäck

KAPUZINERKRESSE
die Blätter für Salate, als Brotbelag; die Früchte als Kapernersatz

KERBEL
für Salate, Ei- und Fischgerichte, zum Garnieren, für Suppen und Soßen

LIEBSTÖCKEL
für Suppen, Eintöpfe, Hülsenfrüchte, Geflügel

LÖWENZAHN

für Fleisch- und Fischgerichte, Eintöpfe, Suppen und Salate

MAJORAN

zu kaltem Braten, Kartoffeln, Suppen, Soßen, Lebergerichten, für Eintöpfe

OREGANO

für Tomatengerichte, Schweine-, Lammfleisch, auf jede Pizza

PETERSILIE

für Suppen, Soßen, Salate, als Dekoration, in Gemüse- und Kartoffelgerichten

PFEFFERMINZE

für Salate, Suppen, Soßen, Sirup, Getränke, Süßspeisen

PIMPINELLE

für Salate, Suppen, Eintöpfe, Gurkengemüse, Rühreier, Quark, Essig

PORTULAK

für Salate, Suppen, Soßen und Kräuterquark

RINGELBLUMENBLÜTEN

für Salate, Omeletts, Reis, Fleisch, Desserts und Gebäck

ROSMARIN

zu Lamm- und Wildgerichten, zu Geflügel, Essig- und Gemüsegerichten

SALBEI

zu geräuchertem Schinken, Hammelbraten, Wild, Geflügel, Aal und Würsten

SAUERAMPFER
in Salaten, Suppen, Kräuterbutter, Spinat

SCHNITTLAUCH
Universalgewürz für vielerlei Gerichte, wird niemals mitgekocht

SELLERIEBLÄTTER
für Suppen, Soßen Fleischbrühe, Eintöpfe, Füllungen

SÜSSDOLDE
für Salatsoßen, Suppen, Kräuterbutter, Obstsalate, Aufläufe, Süßspeisen

THYMIAN
für Essig, mit Wein zubereitete Gerichte, Schmorbraten, Ratatouille

WALDMEISTER
zu Wein, Bowle und Tee

WEINRAUTE
zu Eiergerichten, Fisch und Käse

WIESENKNOPF
für Wintersalate, als Suppengewürz, für Bowlen, Cocktails und Mayonnaise

YSOP
zu Eintopfgerichten, Eierspeisen, Fisch und Salaten

ZITRONENMELISSE
für Wildgerichte, Quark, Pilze, Essig, Süßspeisen

Rezeptregister

Sachregister

Register